LIDERAZGO GENERACIONAL

EL LÍDER BÍBLICO Y SU INFLUENCIA EN EL LÍDER DE HOY

DR. ARNOLDO GRANADOS

DR. ARNOLDO GRANADOS

LIDERAZGO GENERACIONAL

EL LÍDER BÍBLICO Y SU INFLUENCIA EN EL LÍDER DE HOY

Editado por Eliud A. Montoya

PALABRA PURA
palabra-pura.com

LIDERAZGO GENERACIONAL
Copyright © 2022 por Dr. Arnoldo Granados
Todos los derechos reservados
Derechos internacionales reservados

ISBN: 978-1-951372-86-6

Las citas bíblicas de esta publicación han sido tomadas de la Reina-Valera 1960™ © Sociedades Bíblicas en América Latina, 1960. Derechos renovados 1988, Sociedades Bíblicas Unidas. Utilizado con permiso.

Apreciamos mucho HONRAR los derechos de autor de este documento y no retransmitir o hacer copias de éste en ninguna forma (excepto para el uso estrictamente personal). Gracias por su respetuosa cooperación.

Diseño del libro: Iuliana Sagaidak
Editorial: Palabra Pura, www.palabra-pura.com
CATEGORÍA: Religión / Vida Cristiana / Liderazgo y mentoría

CONTENIDO

Agradecimientos // 9

Prólogo // 11

Introducción // 15

1. Líderes de la generación de los hijos de Isacar // 17
2. Los líderes que cambian al mundo: los hijos de Isacar // 27
3. Los líderes de la generación de Caleb: las palabras de un líder // 37
4. ¿Por qué Caleb era un líder? // 47
5. Líderes de la generación de Débora // 57
6. Líderes de la generación de Ester // 65
7. El líder en su comunidad: Dorcas // 75
8. Un semblante del liderazgo de David // 85
9. Líderes de la generación de Priscila y Aquila // 95
10. Líderes generación de Jefté // 105
11. Líderes generación de Josías // 115
12. Líderes generación de Bernabé // 125
13. Líderes generación de Asaf // 135
14. Líderes generación de Nehemía (parte 1) // 143
15. Líderes generación de Nehemía (parte 2) // 153

Bibliografía // 161

Dedico esta obra a mi amada y querida esposa, Magda L. Granados. Cuando escribí mi primer libro, ella me dijo: «Muy bien, ahora estas listo para escribir el segundo». Magda, tú eres una inspiración y una fuente de ánimo constante. Dios te bendiga y te guarde.

AGRADECIMIENTOS

Quiero agradecer primeramente a Dios por darme la oportunidad de escribir este libro; por darme las fuerzas y la inspiración para lograrlo. También al Centro Cristiano Internacional, iglesia que pastoreo desde hace casi treinta años. Ahí, y con ellos, he aprendido el liderazgo generacional. Mi agradecimiento también para mi editor, el pastor Eliud A. Montoya, por su profesionalismo y destreza, sus acertados consejos: su trabajo editorial ha sido estupendo.

PRÓLOGO

Henry Blackaby, en su libro *Mi experiencia con Dios* dice: «*Nuestro mundo necesita desesperadamente líderes comprometidos y consagrados que guíen con integridad, que demuestren un carácter similar al de Cristo, que bendigan a quienes les rodean y dejen un legado santo*».

Agradezco profundamente a Dios por la vida y el ministerio de nuestros amados amigos y pastores Arnoldo y Magda Granados, porque ellos encajan perfectamente con la descripción de Blackaby de lo que el mundo y la iglesia necesitan en este siglo XXI; esto es, líderes profundos, comprometidos y consagrados al servicio de Cristo y de los necesitados.

El doctor y pastor Arnoldo Granados una vez más nos bendice con otro poderoso y excelente libro al que ha titulado *Liderazgo Generacional*. Estoy seguro de que este oportuno libro será usado por Dios para edificar y transformar a miles de siervos y siervas de Dios, y para el empoderamiento y la capacitación efectiva de miles de líderes generacionales en todo el mundo.

Por más de 35 años, los pastores Arnoldo y Magda Granados se han caracterizado por un ministerio de desarrollo, empoderamiento y transformación de líderes. Durante todos esos años he tenido la gran bendición de conocerlos, y ellos —siempre incansables— han dado sus vidas a la capacitación de líderes para el crecimiento de la Iglesia de Cristo. Sus vidas y sus ministerios transmiten el amor de Dios, y su mensaje de transformación nos enriquece a todos.

En este libro, el Dr. Granados nos ofrece una excelente herramienta para la capacitación de líderes, usando varios de los personajes mencionados en la Biblia desde el punto de vista del liderazgo generacional. El Dr. Granados sabiamente nos muestra y nos enseña las joyas de liderazgo que estos líderes bíblicos tienen para darnos.

De las más de 340 iglesias de nuestro Distrito del Sur Pacífico de Las Asambleas de Dios, la iglesia que pastorea el Dr. Granados, El Centro Cristiano Internacional, es una iglesia que capacita y empodera a sus líderes, y que demuestra amor e interés por la comunidad de manera tangible a través de diferentes ministerios. Todo esto sucede porque esta iglesia cuenta con unos pastores que conocen y practican el mensaje de la Palabra de Dios en su ciudad. El Dr. Granados y su esposa predican acerca de un Dios que ama y capacita a sus siervos, y que desea bendecirles y transformarles en todas las áreas de sus vidas. El Dr. Granados no solo conoce la Palabra de Dios, sino la pone en acción en su iglesia, produciendo un equipo de liderazgo generacional poderoso y efectivo.

Recomiendo altamente este libro a todo pastor, ministro y líder local. Sus vidas y sus ministerios serán transformados al leer y aplicar las enseñanzas de liderazgo generacional expuestas por el Dr. Granados.

Gracias, Dr. Granados, por obedecer a Dios y escribir *Liderazgo Generacional,* un libro muy necesario, oportuno e importante para este tiempo en que vivimos, en el cual se nota palpablemente la gran necesidad de líderes profundos, comprometidos y entregados al servicio de Cristo. Aprendí mucho al leerlo y lo seguiré estudiando y usando en mi vida y en mi ministerio para ser mejor siervo de Cristo Jesús y de su pueblo.

En Cristo Jesús,

Dr. Sergio Navarrete
Director de Iniciativas Hispanas de la Universidad Evangel y del Seminario Teológico de Asambleas de Dios de Springfield, Missouri.

INTRODUCCIÓN

En mi primer libro *La iglesia local y su poder en la comunidad para romper ciclos de pobreza*, mi enfoque fue acentuar el papel de la iglesia local en su relación con la comunidad circundante; en este segundo libro, *Liderazgo generacional*, mi perspectiva fundamental es el liderazgo.

El tema del liderazgo siempre me ha llamado poderosamente la atención, en especial desde mi posición como pastor y maestro de la palabra de Dios. Este tema es, y siempre será, un tema de actualidad. En la pluma del prolifero escritor, el doctor John Maxwell, una frase ha sido recurrente en todos sus libros: «Todo se levanta o se cae debido al liderazgo»; asimismo, él reitera su clásica definición: «Liderazgo es influencia».

El libro que tiene ahora en sus manos, amado lector, nace a partir de la lectura de las Sagradas Escrituras, y de la observación —con un profundo detenimiento— que aquellas personas que Dios ha usado, sin importar su género, para constituirse en agentes de cambio. Estas han sido personas que en un determinado entorno o situación han sido de influencia positiva para la transformación de una generación entera.

Siendo el título de este libro *Liderazgo generacional*, antes que todo, defínase la palabra *generación*, tal y como lo describe la Real Academia Española: «[Generación es un] conjunto de personas que tienen aproximadamente la misma edad»[1]. Así pues, estudiando de cerca a los personajes bíblicos expuestos en este libro, pude determinar que Dios ha levantado hombres y mujeres sobresalientes de generación en generación. Todos ellos fueron escogidos en un momento crucial de la historia bíblica y marcaron una diferencia debido a su carácter, conducta, inspiración, valor y otras virtudes. No sin omitir que también cometieron sus errores y, en algunos casos, por ellos pagaron un alto precio.

Al recorrer las páginas del texto sagrado tomé como modelo algunos de estos personajes. Y respecto a ellos, en este libro recalco algunos de los momentos claves de sus vidas, pues verlos en su totalidad tomaría mucho tiempo y espacio. Por lo tanto, mi objetivo es resaltar las lecciones más importantes que los marcaron como líderes generacionales, y el legado que nos dejaron para las generaciones actuales y las que vendrán.

Espero en Dios —y esta es mi oración— que la lectura de este libro le inspire a imitar la fe de estos personajes para continuar esa herencia generacional en donde Dios le ha puesto a ministrar, y asimismo le equipe, empodere, refresque y, en general, le convierta en un mejor obrero del reino de Dios.

---

[1] *Diccionario de la lengua española*, 23.ª ed., [versión 23.5 en línea]. https://dle.rae.es [accedido 9/28/22].

1 LÍDERES DE LA GENERACIÓN DE LOS HIJOS DE ISACAR

«De los hijos de Isacar, doscientos principales, entendidos en los tiempos, y que sabían lo que Israel debía hacer, cuyo dicho seguían todos sus hermanos».
—1 Crónicas 12:32

«Ejercer el liderazgo es una manera de dar sentido a su vida al contribuir a las vidas de los otros».
—Ronald A. Heifetz y Marty Linsky

Se destaca en las Escrituras un liderazgo presente en los tiempos de David que es digno de mención. Sin duda lo es, porque, aunque todo liderazgo —ya sea mencionado o no en las Escrituras— está sujeto a análisis, este, por sus declaraciones de encomio, contiene en sí una razón poderosa para aprender del tema del liderazgo: son declaraciones que conllevan razones contundentes de aquello que contribuyó al éxito no sólo de un liderazgo, sino de un pueblo.

En la historia de la humanidad han existido liderazgos que no han hecho sino trastornar y llevar al fracaso a miles y hasta millones de personas; no obstante, el liderazgo generacional de los hijos de Isacar dio sentido y contribuyó a las vidas de los liderados.

Hoy buscamos entender y aplicar un liderazgo de esta manera; uno que realmente contribuya al bienestar holístico de su gente, que les haga escalar a otro nivel espiritual, intelectual, emocional, familiar, etc. Por tanto, la iglesia de hoy, la que está unida a Cristo en sus fines, busca eso; y su propósito lo demanda.

En este capítulo empezaremos por esclarecer algunas ideas generales que caracterizaron a los hijos de Isacar, y que los convierten en modelos de liderazgo cristiano en esta generación.

El contexto general de estos varones

Podemos decir, en primer lugar, que el tiempo en que este versículo —el que sirve de base para este capítulo— hace alusión, es el mismo en el que se desarrolla una de las etapas más angustiosas en la vida de David. Por este tiempo, el joven David aún no había alcanzado el trono de Israel, y se enfrentaba a una situación particularmente difícil: era perseguido por su propio suegro, Saúl, el rey de Israel.

No obstante, en medio de todo, David logró consolidar un diverso, inclusivo y poderoso ejército de hombres valientes y siempre bien dispuestos para la guerra. Estos hombres valientes fueron los mismos que le ayudaron mientras se encontraba en la ciudad filistea de Siclag (1 Samuel 30), y le acompañaron en muchas otras batallas. En honor a ellos, el escritor sagrado enlista sus nombres e incorpora las tribus a las que ellos pertenecieron. Estos fueron los hombres comprometidos en que David encontró apoyo; y hoy podemos constatar que, sin el trabajo en equipo y la valiosa ayuda que ellos le brindaron, jamás David hubiese podido sentarse como rey de Israel ni consolidarse en el trono.

Dos cosas podemos preguntarnos respecto a este valeroso ejército: en primer lugar ¿cómo es que logró David conformarlo?

Creo que uno de los factores claves fue la inclusión: David incluyó a todos los que quisieran ser parte de este ejército, sin importar sus cualidades y destrezas militares. Respecto al tema de la inclusión, los autores Banks y Ledbetter escriben: «La inclusión habla de aceptar y dar la bienvenida a la gente a un grupo o una organización. Los líderes que practican la inclusión…descubren las características de cada uno de ellos…al promover un espacio, un líder libera un flujo de recursos y posibilidades dentro de una organización».[2]

En segundo lugar, podemos estar seguros que no es posible que un líder cristiano logre algo sin el apoyo decidido de un grupo. Al respecto, el Comentario Bíblico Mundo Hispano declara: «Hoy, como ayer, los pastores de las congregaciones buscan ganar el afecto y el apoyo de todas las familias de la iglesia, para así, en un mismo espíritu y con alegría, poder lanzarse a la batalla. *El ejército de Dios* es formado únicamente con soldados unidos y leales».[3]

Destrezas y habilidades del líder

En el contexto en que se encuentra el versículo de arriba se puede encontrar una nota pneumatológica muy poderosa. Ahí, el Espíritu Santo le confirma al valeroso y carismático líder David que Dios está en el plan: Él quiere que sea rey de Israel. Para ello, le proporciona un ejército de hombres que le ayuden y le da una palabra de confirmación mediante Amasías: «Por ti, oh David, y contigo, oh hijo de Isaí. Paz, paz contigo, y paz con tus ayudadores, pues también tu Dios te ayuda» (v. 18). Cuando Dios está en un asunto Él se encargará de proporcionar los recursos y de abrir las puertas para lograr su plan.

---

[2] Robert Banks & Bernice Ledbetter, *Las dimensiones del líder* (Miami: Peniel, 2008), 122.
[3] Mundo Hispano, *Comentario bíblico mundo hispano 1 Samuel, 2 Samuel, y 1 Crónicas* (El Paso: Editorial Mundo Hispano, 1993), 372.

Sin lugar a dudas estos hombres no eran aptos para ser lo que llegaron a ser. La Biblia dice de ellos: «...se juntaron con él todos los afligidos, y todo el que estaba endeudado, y todos los que se hallaban en amargura de espíritu, y fue hecho jefe de ellos; y tuvo consigo como cuatrocientos hombres» (1 Samuel 22:2). No obstante lo que estos hombres eran, Dios hizo de ellos grandes hombres. Dios puede hacer de un hombre ordinario uno extraordinario; Él dio habilidades sobresalientes a estos hombres que de ninguna manera fueron escogidos de todo Israel; más bien eran hombres ordinarios, e inclusive, aún peor, eran parias de la sociedad «afligidos... endeudados... que se hallaban en amargura de espíritu».

Eran hombres que estaban sin ánimo y en derrota; no eran de ninguna manera hombres de coraje y valor, sino todo lo contrario. No eran hombres de fe sino llenos de temor y sentimientos e inferioridad. No obstante, Dios hizo de ellos todo lo que llegaron a ser.

En la narrativa se destacan las habilidades físicas y destrezas militares de este grupo de hombres. Se dice de ellos, por ejemplo, que eran ambidiestros (v.2); y que eran hábiles en el uso de los escudos y paveses[4] (v. 8). Asimismo, hablando figurativamente de lo fiero que llegaron a ser estos hombres, dice que sus rostros eran como rostros de leones (v. 8); y sus pies, ligeros, como los de las gacelas que corren en las montañas (v. 8).

Los rostros de leones

Hablaré un poco más sobre esta característica en los hombres de David. El rostro de un león es temido, no solo por todos los animales de la selva, sino por los seres humanos también. El rugido de un león, dice la revista National Geographic, puede

---

[4] Un pavés es un escudo oblongo que se utilizaba para cubrir casi todo el cuerpo del combatiente (RAE).

escucharse a cinco millas de distancia (8 km)[5], por tanto, debe así entenderse que tener cerca a uno de estos animales causaría un pánico exacerbado.

Los hombres de David eran temidos por todos sus enemigos. Sus hazañas extraordinarias atestiguaban de un poder tremendo, un poder que sólo Dios pudo darles.

No significa que el líder cristiano debe ser temido por las personas que le rodean, antes todo lo contrario, debe ser uno de fácil abordaje y trato amable; sus manos deberán estar llenas de frutos de justicia; su rostro de nobleza; y su corazón y sus labios de amor. No obstante, es fuero contra sus enemigos, los enemigos de Dios, los lobos que tratan de dispersar el rebaño; contra los que tratan de sembrar cizaña en el campo; contra los que trastornan los caminos rectos del Señor (Hechos 13:10). El hombre y la mujer de Dios, el líder cristiano, deberá ser temido por sus enemigos espirituales, por un reino de las tinieblas que, aunque invisible, es real y causa daños en el mundo.

Los rostros de leones son los de aquellos que llevan en ellos el sello de Dios, y el carácter de Cristo, el León de la tribu de Judá. Son líderes determinados que gobiernan el mundo con oración, con la paz y con el amor de Dios, con las armas de justicia que son para gloria de Dios y Padre de nuestro Señor Jesucristo.

Los líderes capaces se rodean de gente más capaz que ellos

El capítulo finaliza registrando importantes detalles respecto a todos estos hombres valientes que apoyaron el liderazgo de David; dice de ellos que vinieron a Hebrón para ponerle como rey sobre todo Israel: «Todos estos hombres de guerra, dispuestos para guerrear, vinieron con corazón perfecto a Hebrón, para poner a David por rey sobre todo Israel; asimismo todos los

---

[5] https://www.nationalgeographic.com/animals/mammals/facts/african-lion (accesado 2/24/2022).

demás de Israel estaban de un mismo ánimo para poner a David por rey» (v. 38).

Los valientes de David, (y de entre ellos, destacándose, los hijos de Isacar), vinieron con el contingente a la tierra de Judá con el propósito de hacer de David el rey sobre todo Israel. Ellos habían tenido la experiencia del liderazgo de David y sabían que él era el hombre que Dios había ungido para ser rey sobre toda la nación israelita. Fue entonces que fueron hasta Hebrón para invitar a David para que les liderara nuevamente; ya no como fugitivo, sino como el gobernante supremo de todas las tribus de Israel.

David vio en ellos personas bastante capaces, y de entre ellos, seleccionó los mejores para ponerlos en posiciones claves de su gobierno. David unificó el reino, no hizo excepción de personas ni prefirió a Judá sobre las demás tribus. Hubo personas más inteligentes y capaces que él, pero David no las desechó ni tuvo celos de nadie; más bien, se rodeó de todas ellas para que fortalecieran su liderazgo. Respecto a esta última idea, The Life Application Study Bible [la Biblia de estudio diario vivir] dice: «Los líderes débiles se ven fácilmente amenazados por subordinados competentes, sin embargo, los líderes poderosos se rodean de lo mejor. No se intimidan ante seguidores capaces y competentes."[6] Esto constituye un principio imprescindible para el liderazgo contemporáneo.

La «élite» de la tribu de Isacar

En el versículo treinta y dos se hace mención de un grupo de hombres que, en mi opinión, era un grupo «elite». Este grupo poseía ciertas características que el resto de las tropas no tenían. Estas características pueden muy bien describir lo que un líder eficaz contemporáneo debe ser.

---

[6] Tyndale, *Holy Bible: Life Application Study Bible NTL* (Carol Stream, IL: Tyndale House Publishers, 2016), 636.

Durante todo el capítulo 12 podemos leer los nombres y distintas descripciones que el escritor sagrado hace de los líderes de David, es decir, de sus hombres de guerra. Sin embargo, en el versículo treinta y dos se hace una mención especial; algo que no es aplicado a la totalidad de los guerreros, sino únicamente a los hijos de Isacar. Más aún, no es dicho que se trataba de todos los guerreros de la tribu de Isacar, los cuales, según 1 Crónicas 7:5, era de 87 mil hombres; no, se trataba más bien de aquellos varones de entre esta tribu de Isacar que se habían adherido al ejército de David desde un inicio. Ellos eran parte de los valientes de David, de sus guerreros de élite; sin embargo, ¿qué característica poseían estos doscientos hombres que los hacía formar parte de este batallón? y ¿con que habilidades o destrezas aportaban al éxito de Israel?

La tribu de Isacar toma su nombre del quinto hijo del patriarca Jacob, el cual tuvo con su primera esposa, Lea (Génesis 30:17-18). Su nombre significa en el hebreo antiguo «recompensado» (v.18). En la bendición profética proclamada por su padre Jacob, se lee: «Isacar, asno fuerte. Que se recuesta sobre los apriscos» (Genesis 49:14).

El asno, desde tiempos muy antiguos, fue un animal de carga; un animal noble, amigable, resistente, ágil y fuerte; un siervo excelente. Isacar habría de ser un siervo de gran calidad, y un siervo es un líder en la definición de Cristo (Mateo 20:27).

Por otra parte, la bendición que pronunció Moisés respecto a Isacar (compartida con Zabulón) dice: «A Zabulón dijo: Alégrate, Zabulón, cuando salieres; y tú, Isacar, en tus tiendas. Llamarán a los pueblos a su monte; Allí sacrificarán sacrificios de justicia, Por lo cual chuparán la abundancia de los mares, Y los tesoros escondidos de la arena» (Deuteronomio 33:18-19). En esta otra palabra a Isacar se le identifica como un adorador, «sacrificarán sacrificios de justicia». Esta es otra de las grandes características de un líder de élite: uno que adora al Señor Dios todopoderoso de todo corazón y le sirve con justicia y rectitud.

Luego, el cronista bíblico encomia también a dicha tribu llamándoles, «hombres valerosos en extremo» (1Crónicas 7:5). Aunque será hasta el siguiente capítulo que estaré hablando en detalle de las características más destacas de los hijos de Isacar, básteme decir por ahora que, aunque poco se menciona de esta tribu en la Biblia, lo que se menciona de ella es sumamente importante. Son rasgos muy notables que dejan lecciones muy valiosas para el ejercicio de un liderazgo cristiano eficaz en esta generación.

Los retos de liderazgo generacional

Hoy en día el liderazgo cristiano enfrenta grandes retos. Los tiempos actuales son tiempos de constante cambio, son tiempos de una transformación continua en donde es indispensable un liderazgo multidimensional sensible para responder a nuevas realidades. El autor Eddie Gibbs afirma en relación a esto: «No necesitamos líderes nuevos, sino un diferente tipo de líder. Esto tiene implicaciones no solamente para la próxima generación de líderes, sino también para los líderes actuales, quienes necesitan obtener nuevos conocimientos y habilidades para liderar con mayor efectividad sus iglesias en contextos de ministerio cada vez más complejos».[7]

La sociedad actual necesita líderes multidimensionales que sean capaces de mantenerse alertas y tomar decisiones estratégicas correctas en un contexto de circunstancias, parámetros y variables en constante cambio. Así es el mundo del siglo XXI. Sin embargo, el Dios a quien el líder cristiano sirve es poderoso y suficiente para guiarle y mantenerle en victoria, aún en medio de la confusión y caos que se presentan en el mundo.

---

[7] Eddie Gibbs, *Liderar en una cultura de cambios. Las claves del liderazgo del futuro* (Miami: Editorial Peniel, 2007), 52.

El líder cristiano necesita estar más informado y luchar luchas espirituales encarnizadas contra un enemigo que ha adoptado nuevas estrategias; necesita pedir una dirección precisa, enriquecida y flagrante al Espíritu de Dios y una sabiduría divina especial, a fin de ejercer sus funciones de una manera cada vez más eficaz.

Los líderes de la generación de Isacar hoy en día deben estar ejercitados en la búsqueda de nuevas maneras de analizar y descifrar los cambios locales y globales que se están generando constantemente; éstos son cambios (muchas veces abruptos y atípicos) que tienen gran impacto en las comunidades e iglesias locales donde se ejerce el ministerio. Gibbs lo describe de la siguiente manera: «Los líderes actuales de la iglesia deben estar entrenados para observar e interpretar los cambios culturales que están sucediendo a través de toda la sociedad».[8]

Conclusiones:

1. Los valientes de David fueron hombres que demostraron un tremendo compromiso con la causa de su líder. Los líderes cristianos también deben estar comprometidos totalmente con el cumplimiento de la Gran Comisión y brindar apoyo tanto a sus propios líderes como a sus liderados en este sentido.
2. Estos líderes son personas que se caracterizan por ser inclusivas; esto significa que deben estar dispuestos a incorporar todo tipo de personas en su grupo.
3. Los valientes de David eran fieros, determinados y pacientes. Hombres que no pusieron su mira en un líder humano, sino en el Dios del líder.
4. Los líderes sabios, al estilo de los hijos de Isacar, son quienes no se atemorizan de los líderes que son más capaces que ellos.

---

[8] Ibid, 62.

5. Los hijos de Isacar son llamados asnos fuertes, es decir, se caracterizan por ser nobles, amigables, resistentes, ágiles y fuertes; también por ser líderes siervos. La profecía de Moisés sobre ellos ratifica una característica más de su liderazgo: la adoración.

En el siguiente capítulo estaré hablando más específicamente de las características de la generación de líderes de los hijos de Isacar.

2 LOS LÍDERES QUE CAMBIAN AL MUNDO: LOS HIJOS DE ISACAR

«De los hijos de Isacar, doscientos principales, entendidos en los tiempos, y que sabían lo que Israel debía hacer, cuyo dicho seguían todos sus hermanos».

—1 Crónicas 12:32

«Los líderes que son verdaderamente grandiosos cambian al mundo que les rodea»

—Steven F. Goldstone

Mientras observaba un programa de televisión en español del canal Discovery Chanel escuché estas palabras: «No vine aquí porque había un camino, vine porque no lo había». Estas fueron las palabras de un lugareño en una pequeña aldea en el estado de Alaska.[9] Este dicho me hizo pensar en el tema de este capítulo: los líderes verdaderos no están esperando a que el camino esté allanado para emprender iniciativas innovadoras, más bien, son

---

[9] Discovery Channel. *Hombres del Ártico*. 3/2/2022.

ellos los agentes detonantes; los que crean el parteaguas, los líderes que cambian al mundo mediante sus acciones basadas en la Palabra de Dios.

Son líderes aquellos que cambian su entorno mediante acciones precursoras; caminos antes no transitados; innovaciones que tienen una visión del futuro.

Los líderes hijos de Isacar empleaban y aprovechaban sus destrezas en su contexto; ellos eran «...*entendidos en los tiempos, y sabían lo que Israel debía hacer...*»; por tanto, los «...*seguían todos sus hermanos*» (1 Crónicas 12:22). Estas declaraciones son grandiosas y más si las asociamos con el mundo impredecible y volátil en que vivimos ahora. Hoy más que nunca el mundo está buscando respuestas a los complejos problemas que enfrenta, y únicamente los líderes de Dios, aquellos que están conectados con el Espíritu Santo y escuchan su voz, saben qué es lo que se debe hacer para lograr vencer.

El cambio presente en los estilos de liderazgo

Muchos de los modelos de liderazgo que se ejercieron en años o décadas anteriores hoy en día están obsoletos. Éstos tuvieron éxito y fueron efectivos para realidades y desafíos dentro de cierto contexto específico, y cumplieron el fin de su creación o diseño, pero hoy las condiciones han cambiado. Sin duda alguna, los tiempos en que estamos viviendo enfrentan cambios y retos emergentes, cosas que nunca antes se habían presentado y ante los cuales se necesita repensar —y actuar— movidos por otro tipo de paradigma. Ignorar esto sería desbastador para el buen funcionamiento de un líder. Al respecto Eddie Gibbs afirma: «El peor curso de acción que pueden tomar los líderes en los tiempos de cambio radical es negar que ese cambio está sucediendo y creer que todo en su momento volverá a ser "normal"».[10] Y creo firmemente que ya nada será igual y «normal».

---

[10] Gibbs, p. 74.

Por esta razón es necesario repensar en nuevos paradigmas o modelos de liderazgo que puedan responder y enfrentar a estos desafíos. Son desafíos complejos, difíciles de descifrar, y que, sin poderlos comprender enteramente, es bastante difícil darles algún tipo de solución expedita. Dicho en palabras del Dr. Gibbs: «El liderazgo siempre es desafiante, pero lo es aún más en el actual clima de la discontinuidad y cambios impredecibles».[11]

Los hijos de Isacar: principales

De regreso al texto bíblico, el escritor de 1 de Crónicas menciona que la primera característica de este grupo de hombres guerreros es que eran *principales*. Tal referencia me hace pensar que estos hombres eran de renombre, que ocupaban lugares de privilegios dentro de dicha tribu. Es posible que poseyeran cualidades sobresalientes, dones o capacidades imprescindibles para ejercer el liderazgo. La mención de la palabra *principales* me lleva a pensar también que estos líderes habían sido investidos con poder o elegidos dentro de su comunidad porque poseían cualidades únicas.

Hoy es necesario poseer y desarrollar ciertas características personales para el ejercicio de un liderazgo efectivo. No obstante, el líder cristiano deberá acudir a Dios para recibir de Él estas cualidades y capacidades imprescindibles. El libro de Santiago dice: «*Y si alguno de vosotros tiene falta de sabiduría, pídala a Dios, el cual da a todos abundantemente y sin reproche, y le será dada. Pero pida con fe, no dudando nada*» (Santiago 1:5-6).

Ser principal no significa ser arrogante ni creer que uno es el mejor del grupo; más bien, el liderazgo cristiano es todo lo contrario, pues dijo Jesús: «*El que quiera ser el primero entre vosotros será vuestro siervo*» (Mateo 20:27). El apóstol Juan, en su tercera carta, habla de un hombre malo llamado Diótrefes, del cual dice: «*al cual le gusta tener el primer lugar entre ellos...*» (3 Juan

---

[11] Gibbs, p. 99.

1:9). El líder cristiano no debe buscar tener el primer lugar entre el grupo, sino servir por amor.

Dios dice que los hijos de Isacar eran principales, pero ellos no decían de sí mismos que lo eran; así, el líder cristiano debe esperar el reporte de Dios y no el de los hombres, ni alabarse a sí mismo: «*Porque no es aprobado el que se alaba a sí mismo, sino aquel a quien Dios alaba*» (2 Corintios 10:18).

Entendidos en los tiempos

La segunda característica de los hijos de Isacar es que fueron señalados como «*...entendidos en los tiempos...*». Dicho en otras palabras, éstos eran peritos o expertos en discernir lo que ocurría en su entorno. Tenían discernimiento, una habilidad que da el Espíritu Santo para hacer una lectura de los tiempos e interpretar lo que está ocurriendo en el entorno inmediato. Desde luego, el entorno particular al que este texto pertenece tiene que ver con los movimientos de los guerreros enemigos, comandados por el rey Saúl, por tanto, la pregunta aquí es esta: ¿cómo aplicamos esta cualidad que poseían los hijos de Isacar al liderazgo actual?

Sin lugar a dudas estos hombres representan hoy en día aquellos líderes que diseñan logísticas y estrategias que resultan en beneficios a favor del reino de Dios en la tierra. Son personas que entienden la dinámica de la sociedad, los desafíos actuales, tan diferentes a los que hubo hace años. Aunque la naturaleza del ser humano sea la misma, y aunque las enseñanzas de la Biblia continúen vigentes, la sociedad evoluciona y dirige su atención hacia cosas que antes parecían inexistentes. Se puede entender la amenaza de la inmoralidad, los desafíos de autoridad dentro y fuera de la iglesia y el materialismo como tan solo algunos ejemplos de ello. El posmodernismo, el humanismo y la proliferación de las filosofías orientales (y la influencia de ellas), son otras cosas que deben agregarse a la lista. Aunque cada sociedad tiene sus propias problemáticas, se tiene que reconocer que los tiempos en que ahora vivimos reciben influencias de todas partes del mundo, por ello la importancia de poner un ojo también a la política internacional y al desarrollo de formas de vida humana que antaño no existían.

El líder de hoy debe buscar un entendimiento superior, y pedirle al Señor que le dé sabiduría, pues el entendimiento de los tiempos tiene que ver con un conjunto de datos que se ponen en línea para despertar estrategias y escenarios de acción que lleven adelante la Palabra de Dios.

Sabían lo que Israel debía hacer

La tercera característica mencionada en el pasaje bajo mi estudio es esta: «...*sabían lo que Israel debía de hacer...*». El cronista bíblico narra el grado de influencia que estos guerreros tenían: «sabían lo que se debía hacer».

¿Quién no desearía conocer las decisiones correctas que deba de tomar en su diario vivir? Esto significa que los líderes cristianos de hoy deben de conocer lo que es bueno y provechoso para el beneficio de toda su comunidad de fe, es decir, de la porción del pueblo de Dios a la que Él les ha llamado a servir. Y deberían conocer esto tan bien, que su intervención siempre sea sinónimo de bien para todos los demás. De esta clase de líderes es de la que estoy hablando, de la que, por cierto, el mundo de hoy está tan necesitado.

Saber lo que se debe hacer es sinónimo de una sabiduría especial de parte de Dios. La palabra de Dios dice: «*Porque Jehová da la sabiduría, Y de su boca viene el conocimiento y la inteligencia*» (Proverbios 2:6).

Ciertamente es bueno estar informado; acudir a seminarios, simposios, congresos, conferencias; es bueno leer buenos libros, tomar diplomados, certificaciones, y estudiar licenciaturas, maestrías y doctorados; no obstante, la sabiduría genuina viene de lo alto, del Señor, del Espíritu Santo. «*Él provee de sana sabiduría a los rectos*» (Proverbios 2:7), y de su boca viene el conocimiento que realmente es útil y trae resultados. Existe gran cantidad de conocimiento disponible en el mundo; pero ¿cómo saber cuál de este conocimiento es realmente verdadero y útil? Es como encontrar una aguja en un pajar; no obstante, Dios es quien da la sabiduría, y de Él proviene la inteligencia. Los hijos de Isacar sabían lo que Israel debía de hacer, y los líderes cristianos de hoy deben tener también este conocimiento para su generación.

Los hombres siguen las palabras del líder

La cuarta marca o característica indispensable en estos guerreros se menciona en la siguiente frase: «*...cuyo dicho seguían todos sus hermanos*». Cada generación necesita líderes de influencia. El Dr. Maxwell relaciona este concepto directamente con el liderazgo, y afirma: «El liderazgo es influencia».[12] Y añade: «Aquel que cree que lidera y no tiene a nadie quien lo siga, solamente está dando un paseo».[13]

El texto dice que los dichos de estos hombres eran seguidos por sus hermanos. En otras palabras, los seguidores aceptaban y seguían los concepos y orientación de estos trescientos hombres. Si se aplica esto a la realidad del presente, se puede mencionar el pasaje de 1 Corintios 2:16 en donde Pablo afirma que el cristiano está capacitado para entender la voluntad de Dios, e implica que éste puede ser de influencia a otros al enseñar y predicar el consejo divino. Textualmente dice: «*Porque ¿quién conoció la mente del Señor? ¿Quién le instruirá? Mas nosotros tenemos la mente de Cristo*».

Cada líder cristiano debe procurar ser entendido respecto a los tiempos que vive e influenciar a su generación; y para ello, no necesariamente necesitará poseer una alta escolaridad o grados universitarios. Más bien, es necesario reconocer y comprender que

---

[12] John Maxwell, *Desarrolle el líder que está en usted* (Nashville: Grupo Nelson, 2018), 4.
[13] Ibid.

se trata de un asunto espiritual. Proverbios 28:5b dice: «*Los hombres malos no entienden el juicio; Mas los que buscan a Jehová entienden todas las cosas*».

Hoy en día existe un problema de autoridad, pues dentro de las iglesias los miembros se rehúsan muchas veces a seguir el consejo de sus líderes; por tanto, el reto para hacer que las personas sigan el consejo del líder cristiano es uno de los más importantes en esta generación. ¿Por qué se da esto? Existen hoy en día aquellos a los que se les llama *influencers*. Un *influencer*, según la definición del diccionario Merriam-Webster es una persona que se destaca en una red social u otro canal de comunicación y que, al expresar opiniones sobre un tema concreto, ejerce una gran influencia sobre muchas de las personas que lo siguen.[14] Algunas veces estos *influencers* no son otra cosa que engañadores disfrazados de conocedores y expertos.

Los valientes de David

En 2 Samuel 23:8-19 y en 1 Crónicas 11:10-47 la Biblia nos brinda un espacio para reconocer por nombre la lista de los guerreros valientes de David, los hombres que le ayudaron a ocupar el trono de Israel. Estos héroes se consolidaron como una tropa élite, preparados para cualquier tipo de combate; hombres de dedicación y servicio, que no escatimaron nada por su líder.

En 1 Crónicas 12:33 podemos leer de ellos: «*...dispuestos a pelear sin doblez de corazón*». Esta es una de las cualidades que en mi opinión favorece a los líderes que cambian al mundo. «*Sin doblez de corazón*» implica anteponer los propósitos por los cuales se lucha o se trabaja a los intereses personales; implica no tener anhelos de poder y realizar un trabajo en equipo. En ningún

---

[14] https://www.merriam-webster.com/dictionary/influencer (accedido 4/13/2022).

momento el cronista nos informa que los hijos de Isacar anhelaban nombre, títulos, cargos o posición.

Otros hombres y mujeres en la palabra de Dios son merecedores de este honorable título de *valientes*; dentro de esta extensa lista se puede mencionar a la valerosa joven hebrea Ester, quien pronunció estas palabras: «*Yo también ayunaré con mis damas e iré así al rey, aunque no sea conforme a la ley; y si perezco, que perezca*» (Ester 4:16). Otro de ellos fue el apóstol San Pablo quien dijo las siguientes palabras: «*Porque yo ya estoy para ser sacrificado y el tiempo de mi partida esta cercano. He peleado la buena batalla, he acabado la carrera, he guardado la fe*» (2 Timoteo 4:6–7). Y ni que decir de la larga lista del famoso capítulo once de los Hebreos, en donde se encuentra el *salón de la fama* de los héroes de la fe. Ellos merecen ser llamados valientes y dignos de ser imitados.

La guerra espiritual y el liderazgo actual

La lucha espiritual es una presión constante e inevitable para el líder cristiano contemporáneo. El apóstol Pablo en su epístola a los Efesios nos alerta con las siguientes palabras: «*Porque no tenemos lucha contra sangre y carne, sino contra principados, contra potestades, contra los gobernadores de las tinieblas de este siglo, contra huestes espirituales de maldad en las regiones celestes*» (Efesios 6:12).

El ministerio mismo de Jesús aquí en la tierra tuvo una confrontación real con el reino de las tinieblas, y los líderes cristianos actuales se verán involucrados cara a cara con la misma contienda. La pluma del apóstol Juan en su primera carta es muy descriptiva al decir: «*Para esto apareció el Hijo de Dios, para deshacer las obras del diablo*» (1 Juan 3:8).

El escritor y experto en guerra espiritual, el doctor Peter Wagner afirma: «Aun después de la muerte y resurrección de Jesús, el apóstol Pablo se refirió a satanás como el dios de este siglo (2 Corintios 4:4). Pedro lo ve andando a nuestro alrededor "*como león rugiente [...] buscando a quién devorar*" (1 Pedro 5:8). Hoy en día, al igual que Pablo y Pedro, los mejores guerreros espirituales evitan el error de subestimar ingenuamente el poder del diablo. Satanás no es tonto».[15]

Conclusiones:

1. Los líderes de esta generación deben ser innovadores, abiertos al cambio, capaces de establecer nuevos paradigmas.
2. Dios quiere que seamos líderes entendidos respecto a los tiempos, habituados a discernir lo que está pasando en nuestros entornos, y que sepamos qué hacer ante cualquier situación que se presente.
3. Todo líder cristiano debe tener sabiduría e inteligencia espiritual y un gran nivel de influencia, a fin de ayudar a la gente a alcanzar la victoria contra los enemigos espirituales que le asechan.
4. Los líderes de esta generación necesitar saber exactamente lo que el pueblo debe hacer y tener todo el conocimiento para lograr buenos resultados. No obstante, sobre todo, debe ser un hombre o una mujer lleno/llena del Espíritu para hacer uso del poder y sabiduría que da Dios frente a todo asunto espiritual y natural.
5. El buen líder generacional cristiano observa de cerca la galería de hombres y mujeres de fe —aquellos que tuvieron grandes frutos, producto de esa fe en su vida cristiana—, y buscan imitarlos; sabe que no es el primero en la tierra que ha tenido esas luchas, y que la guerra espiritual es una realidad diaria para todo aquel que pugna por hacer avanzar el reino de Dios en la tierra.

---

[15] C. Peter Wagner, *Confrontemos las potestades* (Nashville: Editorial Caribe, 1997), 126-127.

3 LOS LÍDERES DE LA GENERACIÓN DE CALEB: LAS PALABRAS DE UN LIDER

«Entonces Caleb hizo callar al pueblo delante de Moisés, y dijo: Subamos luego, y tomemos posesión de ella; porque más podremos nosotros que ellos».

—Números 13:30

«El pesimista ve la dificultad en cada oportunidad, el optimista, la oportunidad en cada dificultad».

—Winston Churchill

Al cumplirse los cuarenta días del viaje exploratorio, los doce espías que Moisés había enviado regresaron de la tierra prometida. Antagónicamente al informe desalentador de los restantes diez espías, Josué y Caleb brindaron un reporte alentador, optimista, lleno de esperanza, pero sobre todo de confianza en que Dios estaba de su lado y los conduciría a la victoria sobre los habitantes de la tierra de Canaán «...*y con nosotros está Jehová; no los temáis*» (Números 14:9).

La vida de Caleb es de gran ejemplo para los líderes de hoy y de todos los tiempos. Su liderazgo estuvo fundamentado en una vida de fe, de entera confianza en el Dios todopoderoso, quien había dado una palabra al pueblo y con seguridad la cumpliría.

En este capítulo estaré hablando de algunos aspectos fundamentales del liderazgo generacional de Caleb, quien, de entre los miles y miles que conformaron el tumulto de los israelitas en el desierto, perteneció al reducido grupo de quienes lograron entrar en la tierra prometida luego de cuarenta años de peregrinaje en el desierto.

Caleb hizo callar al pueblo

Las palabras de Caleb son distinguidas: hacen la diferencia entre los optimistas y los pesimistas, entre la gente de fe y la que mantiene su incredulidad. El líder generacional manifiesta una visión mucho más positiva y optimista que los seguidores; su mente no simplemente ve hechos negativos o imposibilidades, sino sabe que logrará metas definidas y bien trazadas, aun y cuando esté luchando políticamente contra la corriente. Este era precisamente el caso de Caleb, quien luchó contra la opinión de la mayoría; aquí, por cierto, se demuestra que no siempre la mayoría tiene la razón. Dios en este caso estuvo del lado de la minoría, y con la minoría Él cumpliría su propósito.

Al final de la historia nos damos cuenta que únicamente Caleb y Josué (de entre toda esa generación) fueron los únicos que toman posesión de la tierra prometida, mientras que los incrédulos y pesimistas murieron sin verla siquiera, ellos quedaron postrados en el desierto (1 Corintios 10:5). La tierra prometida pertenece a la gente de fe; a la que está dispuesta a luchar basada únicamente en la palabra de Dios.

Caleb hizo «*callar*» a aquellos que sólo miraban los obstáculos y las imposibilidades para entrar en la tierra; él fue capaz de ver la oportunidad para conquistar y poseerla. De los espías incrédulos la Biblia dice: «*Y hablaron mal entre los hijos de Israel, de la tierra que habían reconocido, diciendo: La tierra por donde pasamos para reconocerla, es tierra que traga a sus moradores; y todo el pueblo que vimos en medio de ella son hombres de grande estatura. También vimos allí gigantes, hijos de Anac, raza de los gigantes, y éramos nosotros, a nuestro parecer, como langostas; y así les parecíamos a ellos» (Números 13:32-33).*

Este pasaje está cargado de un vocabulario negativo que no contribuye a forjar sueños, tan sólo sigue la lógica humana. Por otra parte, Caleb no confía en su fuerza sino en Aquel que lo llamó para hacer grandes hazañas. Ante tal acontecimiento, el siervo de Dios tiene la obligación de hacer callar la voz de los pesimistas y de los que poseen una «mentalidad de langosta», las promesas de Dios pertenecen a los hombres y mujeres de fe.

Jehová está con nosotros

El pasaje sigue diciendo: *«Y Josué hijo de Nun y Caleb hijo de Jefone... hablaron a toda la congregación de los hijos de Israel, diciendo... Si Jehová se agradare de nosotros, él nos llevará a esta tierra, que fluye leche y miel... y con nosotros esta Jehová ...» (Números 14:6ff).*

Es posible que muchas personas (e inclusive la mayoría de ellas) no esté a su favor o de acuerdo con la visión que Dios le ha dado; con los planes de trabajo, o con lo que usted como líder quisiera llevar a cabo en la obra de Dios; sin embargo, si Dios está con usted, tiene todo a su favor. Mientras que Moisés y Aaron se postraron sobre sus rostros (v. 5) dándose cuenta de lo delicado de esa situación, Josué y Caleb rompieron sus vestidos y hablaron a la congregación de los hijos de Israel con palabras llenas de fe, esperanza y confirmación de que, si ellos fueren fieles a Jehová, Él los llevaría a conquistar la tierra y la entregaría en sus manos, tierra que fluía leche y miel.

La tendencia natural del ser humano —debido a su naturaleza caída— es manifestar escepticismo cuando ve con sus ojos físicos los obstáculos. No obstante, los hombres y mujeres de fe saben que Dios está hablando en serio, que lo que dice la Biblia no es palabra muerta ni ilusiones vanas; saben que la Palabra es poder de Dios. Pablo dijo por el Espíritu: «*Porque no me avergüenzo del evangelio porque es poder de Dios...*» (Romanos 1:16). Manifestar algo fuera de la lógica es motivo de vergüenza para el incrédulo; asimismo, es bastante incómodo estar del lado de la minoría. No obstante, el líder de fe sabe que Dios es real y que cumplirá con todo lo que ha prometido. Esa fue la lógica de Caleb, y es exactamente la lógica divina; Caleb sabía que la clave siempre estaría en que Dios estuviera con ellos.

No los temáis

«*Por tanto, no seáis rebeldes contra Jehová, ni temáis al pueblo de esta tierra; porque nosotros los comeremos como pan; su amparo se ha apartado de ellos, y con nosotros está Jehová; no los temáis*» (Números 14:9).

El comentarista bíblico David Guzik respecto al pasaje citado escribe: «Su miedo e incredulidad era rebelión voluntaria. Por lo tanto, Josué y Caleb apelaron a la voluntad del pueblo, pidiéndoles que decidieran renunciar a su rebelión y volver al Señor. El pueblo de Israel no debía darse a sus sentimientos de miedo, de ira al Señor, de incredulidad. Por la gracia de Dios ellos podían escoger someterse a Él y confiar en Él».[16] Es peligroso y arriesgado obedecer a los sentimientos cuando estos interfieren con la voluntad divina; Israel luego pudo comprobar que confiar en esos sentimientos fue la causa de una condena de cuarenta años dando vueltas por el desierto; si tan sólo hubieran temido al Señor, la historia se hubiera escrito de forma diferente.

Existe una seria implicación en la decisión de temer a los hombres antes que a Dios. Jesús dice: «*Y no temáis a los que matan el cuerpo, mas el alma no pueden matar; temed más bien a*

---

[16] https://www.blueletterbible.org/Comm/guzik_david/spanish/StudyGuide_Num/Num_14.cfm (accesado 4/11/2022).

aquel que puede destruir el alma y el cuerpo en el infierno» (Mateo 10:28). Cada uno debe hacer su propia decisión de temer a Dios y no a los hombres. En el pasaje de Números dice que temer a los hombres equivale a rebelarse directamente contra Dios; y de la misma manera sucede hoy. El líder cristiano de esta generación debe ser un ejemplo de fe, y jamás atemorizarse ante las amenazas del diablo. El que se atemoriza se está rebelando contra Dios, aunque no lo exprese así explícitamente. Vale la pena temer a Dios, es decir, tomar seriamente sus advertencias, porque ninguna advertencia en la Biblia ha sido escrita en vano.

Subamos

En el versículo de partida de este capítulo Caleb dice: «*Subamos luego...*». Esto significa que los líderes generacionales se incluyen e involucran en sus propios proyectos; no hay lugar para el conformismo ni para estar quietos. La idea aquí es que para que los propósitos de Dios se lleven a cabo en la vida del líder, y en la comunidad que ellos representan, es necesario el esfuerzo y el trabajo duro, lo fácil no tiene lugar, más bien, el éxito se alcanza subiendo cuesta arriba. «*Subamos*» implica, además, algo así como «hagamos que las cosas sucedan». Caleb no era del tipo de hombres que se sentaban a observar o a dirigir pasivamente mientras que otros llevaran adelante el trabajo, él estaba involucrado directamente en el asunto e iba a la cabeza.

Ninguna de las cosas importantes en la vida se alcanza sin dinamismo, sin esfuerzo. Dios demanda que sus líderes se esfuercen de acuerdo a la capacidad que Él ha dado a cada uno. Esto no significa que los éxitos espirituales puedan alcanzarse únicamente con el esfuerzo personal del líder; sin embargo, existe una gran responsabilidad en él.

«*Subamos*» es algo similar a lo que Pablo dijo a Timoteo: «*Tú, pues, hijo mío, esfuérzate en la gracia que es en Cristo Jesús*» (2 Timoteo 2:1). Dentro del marco de la gracia, cada líder cristiano de esta generación debe esforzarse por alcanzar aquello que el Señor le ha puesto por delante. La indolencia y la negligencia no tienen lugar en el trabajo del Señor; Dios dice en Jeremías 48:10 «*Maldito el que hiciere indolentemente la obra de Jehová*». Esta palabra es una palabra grave contra todo aquel que no se ocupa de los negocios del Señor como debe. Jesús lo entendió muy pronto, cuando tenía solamente doce años, *«¿No sabías que en los negocios de mi Padre me es necesario estar?»* (Lucas 2:49).

Tomemos posesión

«*Tomemos posesión*» fueron también palabras de Caleb. Ante la turba enardecida que desacreditaba la capacidad de Israel para tomar posesión de la tierra, (aunque esto era una clara confesión de la incapacidad de Dios mismo para darles la victoria sobre los pueblos que se asentaban en aquellas tierras), Caleb alzó la voz para confesar su fe en Dios. «*Tomemos posesión*» es una confesión de fe. Una confesión que no considera la inexperiencia de Israel para pelear, pues era razonable pensar que un grupo de esclavos no tenía ni el entrenamiento ni la destreza militar necesaria para vencer a un enemigo tan poderoso como el que habitaba en la tierra de Canaán. Israel era en ese entonces un pueblo que llevaba ya cuatrocientos años viviendo en esclavitud y estaba lejos de tener un ejército preparado para el combate.

No obstante, Caleb no se basaba en los razonamientos humanos, sino en las promesas de Dios. El Todopoderoso había hecho una promesa y Él la cumpliría totalmente. Caleb y todo el pueblo de Israel habían sido testigos de los milagros que Dios hizo para liberarlos de Egipto; él y todo el pueblo habían visto como Dios abrió el mar Rojo, ¿no podría vencer también a los gigantes que había en Canaán? ¡Claro que sí! Este fue el razonamiento de Caleb. No obstante, él no lo haría solo, necesitaba también la fe del pueblo, por tanto, sus palabras son de fe y de ánimo: «*Tomemos posesión*». El trabajo colectivo de Israel sería la demostración de su fe, y eso era exactamente lo que Dios requería de ellos para darles completa victoria.

Más podremos nosotros que ellos

Seguidamente Caleb dijo *«más podremos nosotros que ellos»* (Números 13:30). En Caleb existía una fuerza interna mayor que brotaba como un río que se desbordaba entre sus labios. Para Caleb la manera de observar e interpretar las promesas de Dios tenía repercusiones tanto en su comunidad como en su vida personal, aunque lamentablemente este no era el sentir de la gran mayoría del pueblo.

La confesión de Caleb no se basaba en la experiencia militar (como he dicho arriba), ni en la capacidad organizativa de Israel; tampoco en la cantidad de recursos o armas letales que poseía. Lo único que estaba en la mente de Caleb, como un ancla inconmovible era que, si Dios estuviera con ellos, si el Dios Todopoderoso estuviera con ellos como su aliado, entonces era seguro que ellos conquistarían la tierra prometida.

«Más podremos nosotros que ellos» no es una expresión de arrogancia ni de autosuficiencia. Existe siempre el peligro de creer en la filosofía humanista, en aquella que dice que el espíritu humano es capaz de hacer grandes hazañas. Esta filosofía conduce al orgullo y a creer que el hombre o la mujer, si se lo propone, puede hacer cualquier cosa. No obstante, la frase de Caleb no tiene que ver con esa filosofía; más bien, su dicho tiene su fundamento en la Palabra de Dios: Si Dios había dicho que Israel conquistaría la tierra de Canaán mediante ellos, era entonces razonable pensar que Dios les daría la fuerza necesaria para lograr tal hazaña sin considerar su debilidad humana, siempre y cuando dependieran totalmente de Él y se mantuviesen en obediencia: *«Si Jehová se agradare de nosotros, él nos llevará a esta tierra, y nos la entregará; tierra que fluye leche y miel»* (Números 14:8).

Había en él otro espíritu

«Pero a mi siervo Caleb, por cuanto hubo en él otro espíritu, y decidió ir en pos de mí, yo le meteré en la tierra donde entró, y su descendencia la tendrá en posesión» (Números 14:24).

Su gran confianza y perseverancia en las promesas de Dios le otorgo a Caleb una gran distinción: Dios lo elogió delante de todos y dijo que hubo en él un espíritu distinto. En su reconocido comentario de la Biblia, Adam Clarke afirma: «Caleb tenía *otro espíritu*, no sólo un espíritu audaz, generoso, valeroso, noble y heroico, sino que el Espíritu y la influencia del Dios del cielo lo elevaron así por encima de las inquietudes humanas y los temores terrenales, ... Dios le mostró el *camino* que debía tomar, y la *línea* de conducta que debía seguir; él *llenó* esta línea, y en todas las cosas *siguió* la voluntad de su Hacedor».[17]

Es indispensable que exista en el líder cristiano generacional este *otro espíritu*. No sólo un espíritu positivo de confianza en sí mismo, sino, como bien menciona Clarke, el Espíritu de Dios mismo. Únicamente el Espíritu Santo en el individuo puede hacer que éste hable de esta manera. La Biblia dice: *«Pero el hombre natural no percibe las cosas que son del Espíritu de Dios, porque para él son locura, y no las puede entender, porque se han de discernir espiritualmente»* (1 Corintios 2:14). Todos los asuntos de fe están en contraposición con lo natural, por tanto, es indispensable que el Espíritu de Dios se mueva poderosamente dentro del líder cristiano de esta generación.

Conclusiones:

Como conclusión a este capítulo Caleb fue uno de los primeros en contemplar la tierra prometida, sus palabras condenaron a aquella generación a dar vueltas por el desierto por cuarenta años. Sin haber

---

[17] https://www.bibliaplus.org/es/commentaries/7/comentario-biblico-de-adam-clarke/numeros/14/24 (accesado 4/12/22).

cometido ninguna falta, Caleb mismo pagó el precio de peregrinar con los incrédulos todos esos años, atrasando la conquista y esperando en las promesas personales que Dios le había hecho a él (Josué 14:6-12). El vio caer muerta en el desierto toda aquella generación. No le vemos quejarse en ningún momento ni tampoco provocó una división con otro movimiento. Al final, ya anciano, una vez más muestra su valor y fe en Dios para tomar y recibir la tierra de Hebrón.

Pueden destacarse en el liderazgo generacional de Caleb los siguientes puntos:

1. Caleb hizo callar al pueblo con sus declaraciones de fe; así el líder cristiano, ante las expresiones incrédulas de los demás, debe alzar la voz para declarar poderosamente la Palabra de Dios.
2. Caleb no estaba confiado en el poder militar de Israel para conquistar la tierra prometida, más bien, su confianza estaba en que Dios estuviera con ellos. Si Dios está con el líder cristiano generacional, esto es lo único que realmente importa para obtener grandes victorias.
3. De las expresiones de Caleb, el líder cristiano puede aprender que la incredulidad conduce directamente a la rebeldía contra Dios, y temer al hombre antes que a Dios se traduce en esto. El temor a Dios debe prevalecer siempre en el líder cristiano generacional.
4. Todo líder generacional debe ser un hombre o mujer de determinación, y todas sus palabras deben ser palabras de fe.
5. En el líder cristiano no existe la autosuficiencia ni la arrogancia, sino más bien, una sumisión completa a la voluntad de Dios en su vida personal, para que así logre ser de inspiración al pueblo que dirige a hacer lo mismo.

4 ¿POR QUÉ CALEB ERA UN LÍDER?

«Pero a mi siervo Caleb, por cuanto hubo en él otro espíritu, y decidió ir en pos de mí, yo le meteré en la tierra donde entró, y su descendencia la tendrá en posesión».
—Números 14:24

«Si tus acciones inspiran a otros a soñar más, aprender más, hacer más y a ser mejores: eres un líder».
—Jack Welch

Introducción

Su nacimiento y principios se remontan a la época bajo la esclavitud del pueblo de Israel en la tierra de Egipto. Fue marcado por una inquebrantable fe en el Dios que los libertó por mano de su caudillo Moisés. Ejecutó un rol protagonista en uno de los eventos claves para lograr la entrada y toma de la tierra prometida de Canaán. Aún en su vejez, no vacilo en recordar y actuar basado en las promesas que Dios le había dado cuarenta y cinco años antes y recibir por herencia la tierra de Hebrón. Esta breve descripción es de uno de los líderes gigantes del Antiguo Testamento, Caleb.

Si ponemos atención a los detalles de la vida de este hombre, aun basándonos en la poca información que las Escrituras nos proporcionan, veremos a un tremendo líder, el líder de toda una generación. Es verdad que Dios determinó terminar con la vida de aquellos hombres incrédulos que no supieron aprovechar la tremenda oportunidad que Él les dio para entrar y poseer una tierra que fluye leche y miel; sin embargo, el registro de la vida de Caleb —tal y como la podemos entender en las Escrituras— nos deja un legado de fe extraordinario. No es por cierto un gran líder el que tiene muchos seguidores, sino aquel, que, como Caleb, sabe seguir fielmente al Señor, aun en medio de una generación incrédula y perversa, ¿tiene algún parecido esta generación (la de los israelitas incrédulos que cayeron postrados en el desierto) con la suya, es decir, en medio de la cual usted mismo se encuentra y contra la cual lucha? Es fácil seguir a las mayorías, pero Caleb tuvo que enfrentarse a la incredulidad de miles y miles. Esta es la clase de líderes que este mundo necesita hoy.

El líder siervo

El nombre de Caleb es citado solo cuatro veces en la historia bíblica. Aparece por primera vez en la lista de los doce príncipes escogidos por Moisés para un viaje exploratorio a la tierra de Canaán. «*De la tribu de Judá, Caleb hijo de Jefone*» (Números 13:6). La segunda vez leemos su nombre junto al de Josué, cuando él da testimonio de los hallazgos de la tierra prometida. «*Entonces Caleb hizo callar al pueblo delante de Moisés, y dijo: Subamos luego, y tomemos posesión de ella; porque más podremos nosotros que ellos*» (Números 13:30). Seguidamente, en la tercera ocasión cuando leemos su nombre, Dios le da una promesa de recompensa por haber mostrado fidelidad y confianza en su Palabra respecto a la tierra de Canaán: «*Pero a mi siervo Caleb, por cuanto hubo en él otro espíritu, y decidió ir en pos de mí, yo le meteré en la tierra donde entró, y su descendencia la tendrá en posesión*» (Números 14:24). Finalmente, en la cuarta vez que vemos mencionado el nombre de Caleb, su amigo Josué, el líder de los israelitas y siervo de Dios en lugar de Moisés, le bendice y le otorga la tierra de Horeb como su herencia: «*Josué entonces le bendijo, y dio a Caleb hijo de Jefone a Hebrón por heredad. Por tanto, Hebrón vino a ser heredad de Caleb hijo de Jefone cenezeo, hasta hoy, por cuanto había seguido cumplidamente a Jehová Dios de Israel*» *(Josué 14:13-14).*

Una de las definiciones de la Real Academia Española de la palabra *siervo* es: «Persona que sirve a Dios y guarda sus preceptos con reconocida piedad».[18] Estoy muy de acuerdo con la definición del escritor Alberto Guerrero cuando afirma: «El líder siervo es aquel que, en primer lugar, tiene muy claro cómo el Señor lo tomó, qué fue haciendo Él mismo en su vida y cómo lo transformó gracias a su misericordia. Sólo entonces, como su Maestro, los líderes-siervos pueden sentirse movidos a misericordia por las personas, e identificarse con las ovejas hasta el punto de conocer y convivir con sus luchas y necesidades. Esto excluye sentirse más arriba o más abajo que ellas».[19] Este tipo de liderazgo es muy patente en el astronauta coronel James B. Irwin, quien fue uno de dos primeros nombres en poner los pies en la luna. Él con humildad, y lejos de verse como una superestrella, expresó las siguientes palabras: «Mientras regresaba a la tierra, comprendí que yo era un siervo, no una celebridad».[20]

Es en la persona de Jesucristo que se solidifica la mayor expresión del liderazgo, y Él mismo deja muy claro su filosofía de

---

[18] *Diccionario de la lengua española*, 23.ª ed., [versión 23.5 en línea]. https://dle.rae.es [accesado 6/3/2022].
[19] C. René Padilla y Tetsunao Yamamori, Ed., *La iglesia local como agente de transformación. Una eclesiología para la misión integral* (Buenos Aires: Editorial Kairós, 2003), 173.
[20] Charles R. Swindoll, *Desafío a servir* (Miami: Editorial Betania, 1993), 18-19.

ministerio al pronunciar las siguientes palabras: «*Porque el Hijo del Hombre no vino para ser servido, sino para servir, y para dar su vida en rescate por muchos*» (Marcos 10:45). Y además también el Señor nos enseñó: «*Mas entre vosotros no será así, sino que el que quiera hacerse grande entre vosotros será vuestro servidor, y el que quiera ser el primero entre vosotros será vuestro siervo*» (Mateo 10:26-27). Alberto Guerrero acierta una vez más en este sentido al afirmar: «El cambio comienza con un liderazgo que comprende la demanda que plantea el propio Jesús. Esto define en buena medida si se trata de ser líderes-siervos o de gente que se sirve del liderazgo».[21]

Caleb, príncipe de su tribu

El origen del nombre de Caleb en el idioma hebreo es «perro». Quizás para nosotros signifique algo muy despectivo, pero recordemos que los nombres que se le daban a las personas en el mundo antiguo estaban muy ligados a la personalidad y el carácter de un individuo. Por tanto, vemos que este príncipe escogido por Moisés hace honor a su nombre cuando, enfrente de una multitud incrédula y enfurecida, pronuncia las siguientes palabras: «*Si Jehová se agradare de nosotros, él nos llevará a esta tierra, y nos la entregará; tierra que fluye leche y miel. Por tanto, no seáis rebeldes contra Jehová, ni temáis al pueblo de esta tierra; porque nosotros los comeremos como pan; su amparo se ha apartado de ellos, y con nosotros está Jehová; no los temáis*» (Números 14:8).

Podemos ver la gran confianza que Caleb tenía en Dios. Él se aferró a su Palabra como un «perro»; tal como un perro, que una vez que agarra en su hocico algo y no lo suelta por nada, Caleb no dejó de pronunciar la palabra de Dios, y no permitió que saliera de su boca ninguna palabra de incredulidad, Caleb se mantuvo fiel al Señor de todo corazón, él era un verdadero líder para Dios y no se desvió de su Palabra.

---

[21] Padilla y Yamamori, *La iglesia local*, 170.

Es muy interesante notar que hoy son aplaudidos y aclamados los líderes que gozan de muchos seguidores. El nivel de liderazgo se puede medir por el número de aplausos, el número de *likes* en Facebook e Instagram, el número de vistas en los videos de YouTube, etc. No obstante, Caleb no tenía prácticamente ningún apoyo popular; es más, era un hombre despreciado y desechado, tanto, que la multitud habló de apedrearlo (v. 10); sin embargo, Caleb no siguió la corriente del mundo, ni hizo uso de ninguna «estrategia política». Caleb era parte de la minoría, de la manada pequeña, del remanente santo, del reducido grupo de vencedores de la batalla de fe.

Buen reporte de Dios sobre Caleb

Para poner todo esto en contexto, hablando del liderazgo de Caleb y de sus aplicaciones para nuestras realidades contemporáneas, partiré de la premisa de que los líderes de la generación de Caleb necesitaban tener una *actitud de siervo* y también un *espíritu diferente*. Dios mismo afirmó la siguiente declaración al referirse a Caleb: «*Pero a mí siervo Caleb, por cuanto hubo en él otro espíritu*» (Números 14:24).

Para muchas personas en cargos de liderazgo no es muy razonable —o aún algo conveniente— pensar en un liderazgo basado en el servicio, ya que servir, para ellos, es un estigma de debilidad y no de poder. En una sociedad que reclama reconocimientos y estatus, liderar solo significa posiciones de mando y oportunidades para escalar. El autor y teólogo Richard Foster afirma al respecto: «La carne se opone con quejas al servicio, pero vocifera contra el servicio oculto. Ella se esfuerza intensamente y se adelanta en busca de honor y reconocimiento».[22] No importa por cuantas personas el líder sea seguido, él siempre

---

[22] Richard J. Foster, *Alabanza a la Disciplina* (Miami: Editorial Betania, 1986), 144-145.

debe estar consciente de no buscar su propia fama o gloria, sino que con un espíritu de humildad debe someterse y agradar a Aquel que lo ha llamado a servir. El Espíritu Santo utiliza la palabra *siervo* cuando habla de Caleb para establecer su rol en el *liderazgo de servicio*. El servicio de Caleb repercutió tanto en una dimensión vertical hacia Dios, como en la dimensión horizontal en función a la comunidad a la que pertenecía.

En la Palabra de Dios vemos a pocos que tuvieron el privilegio de ser halagados por Dios públicamente. El libro de Hebreos nos dice, por ejemplo, en su capítulo 11: «*Por la fe Enoc fue traspuesto para no ver muerte, y no fue hallado, porque lo traspuso Dios; y antes que fuese traspuesto, tuvo testimonio de haber agradado a Dios*» (Hebreos 11:5). En este pasaje que hemos tomado como ejemplo, Dios mismo está diciendo que Enoc tuvo testimonio de haber agradado a Dios. Así también, Caleb recibió el enorme privilegio de ser halagado por el Todopoderoso delante de todo el pueblo de Israel y delante de toda la humanidad mediante la Biblia.

Un líder cristiano contemporáneo debe buscar el buen reporte y el reconocimiento del Señor antes que cualquier otro en el mundo. Dios es quien tiene el poder para hacer cualquier cosa, y si nosotros le agradamos, como dijo Caleb, Él nos meterá en la tierra prometida, Él hará milagros y maravillas, derribará nuestros gigantes enemigos y hará que las murallas humanamente infranqueables se vengan abajo.

Lo mejor de la tierra (Hebrón)

«*Dame, pues, ahora este monte, ...*» (Josué 14:12).

Hebrón es reconocida como una de las ciudades de mayor antigüedad en el mundo. Los mapas la sitúan a unos 32 kilómetros al sudoeste de Jerusalén. Su nombre original fue Quiriat-arba (Josué 14:15). Fue allí donde Abraham vivió y plantó su tienda; luego levantó un altar a Jehová (Genesis 13:18). Fue ahí en donde luego Abraham compró un terreno (esta fue la única heredad que

Abraham poseyó mientras vivió: la tumba de su esposa). Hebrón también fue la tierra en donde descansaron los restos de Abraham mismo y su descendencia, a saber, Isaac y su esposa Rebeca; allí mismo fueron sepultados los cuerpos de Jacob y su esposa Lea. El hecho de que en Hebrón se sepultaran los patriarcas y sus esposas hace de este lugar especial, y de gran significado.

En Hebrón estaban sepultados estos tremendos hombres de fe, los patriarcas; por tanto, pienso que este hecho influyó poderosamente en la vida de Caleb; Caleb quería lo mejor de la tierra, y lo mejor de la tierra estaba precisamente en donde yacían los huesos de los patriarcas. Caleb fue un hombre de fe, pero también de gran inteligencia, él sabía que esa tierra era una tierra especial y próspera en gran manera.

Lo que hacía de esta tierra una tierra especial en gran manera era que allí fueron sepultados los cuerpos de los patriarcas, los hombres de fe. Este hecho, en mi opinión personal, influyó grandemente en la vida de Caleb. Él sabía que ese pensamiento agradaría a Dios, y Caleb se propuso a agradar a Dios en todo.

Asimismo, todo líder cristiano generacional debe de proponerse a agradar a Dios en todo, y pasar tiempo en la meditación de las Escrituras, pues ahí podemos encontrar todo lo que Dios espera de nosotros; y como Caleb, nos capacitará para tener fe y pedir por lo mejor de la tierra prometida.

La lucha con gigantes

«...del cual habló Jehová aquel día; porque tú oíste en aquel día que los anaceos están allí, y que hay ciudades grandes y fortificadas. Quizá Jehová estará conmigo, y los echaré, como Jehová ha dicho» (Josué 14:12).

«Y hablaron mal entre los hijos de Israel, de la tierra que habían reconocido, diciendo: La tierra por donde pasamos para reconocerla, es tierra que traga a sus moradores; y todo el pueblo que vimos en medio de ella son hombres de grande estatura. También vimos allí

gigantes, hijos de Anac, raza de los gigantes, y éramos nosotros, a nuestro parecer, como langostas; y así les parecíamos a ellos» (Números 13:32-33).

Solo aquellos que tienen su mirada fija en el Señor pueden ver lo que otros no ven; este es un requisito para apoderarse de las promesas de Dios. A pesar de su edad, Caleb no delegó la batalla a otro, sino que él mismo comandaría la toma de la tierra que él heredaría. Caleb sabía que, aunque estaría peleando con hombres de gran estatura en Hebrón, y la batalla no sería nada fácil, siempre tuvo a sus enemigos como nada; él sabía que cuando estuviese librando las batallas, no estaría peleando con sus fuerzas, sino que sería el Dios todopoderoso quien pelearía por él.

Obtener lo mejor de Dios implica grandes y encarnizadas luchas. El cristiano que desee obtener grandes victorias y apoderarse de las promesas más caras del Señor, tendrá que, como Caleb, luchar contra gigantes. Ciertamente la tierra prometida estaba ya otorgada por el Señor, pero el pueblo necesitaba tener fe y creer que, aunque el enemigo pareciera invencible, Dios les daría la victoria. Cristo dijo: «*En el mundo tendréis aflicción; pero confiad, yo he vencido al mundo*» (Juan 16:33).

Todo cristiano puede apropiarse de las maravillosas promesas de Dios, y los líderes cristianos de esta generación viven teniendo fe de que, sin importar lo difícil que sea el camino, el Señor siempre cumple lo que dice.

Respeto y sujeción al liderazgo de Josué

«Dame, pues, ahora este monte, del cual habló Jehová aquel día; .... Josué entonces le bendijo, y dio a Caleb hijo de Jefone a Hebrón por heredad» (Josué 14:12-13).

Caleb reconoce sobre quien está la autoridad y la unción: sobre su amigo y comandante en jefe de los ejércitos de Israel, Josué. La cobertura espiritual y la rendición de cuentas son cosas muy importantes en el rol de liderazgo, a fin de que fluya la bendición de Dios. Hoy en día el mundo está lleno de personas que quieren ser o son líderes pero que no desean sujetarse o rendirle cuentas a nadie; ese *no* fue el caso de Caleb.

Caleb fue un tremendo hombre de fe. La fe de Caleb no fue una fe fluctuante, la que hubiera mantenido solo unos cuantos días, ¡no! ¡Caleb perseveró durante cuarenta años creyendo en las promesas de Dios! Y con tan tremendo ejemplo de vida, Él podría haberse creído de igual estatura espiritual que Josué, y haber dicho, como dijeron los hijos de Coré: «¡*Basta ya de vosotros! Porque toda la congregación, todos ellos son santos, y en medio de ellos está Jehová*» (Números 16:3). Él podría haber pasado por la autoridad de Josué y haberse lanzado solo en la conquista de la ciudad. Sin embargo, Caleb era inteligente: él sabía que la única manera en que Dios cumpliría su promesa respecto a él era que siguiera las líneas de autoridad que Él había establecido, en este caso, Josué, su antiguo colega cuando fueron a reconocer la tierra.

Una persona puede haber vivido con usted (aun en la misma casa), pero si Dios le ha dado una posición de liderazgo espiritual, a usted le conviene respetar esa autoridad, a fin de recibir sin impedimentos las promesas de Dios.

La actitud inquebrantable de Caleb (su gran fe)

Los líderes de la generación de Caleb han sido calificados por Dios como aquellos en los cuales «...*hay otro espíritu*» (Números 14:24). Estos son personas que han decidido ir en pos de Él y agradarle en todo. Obsérvese el alto elogio que recibió Caleb, cuya postura parecía fútil el día en que los espías regresaron de inspeccionar la tierra prometida; no obstante, aquella posición temeraria y hasta cierto punto ridícula delante del pueblo de aquel entonces fue ricamente recompensada por Dios. Y esto se demostró casi de inmediato cuando Dios hizo diferencia entre Josué y Caleb y los otros diez espías, sentenciados a muerte a los rebeldes e incrédulos, y dando vida a los creyentes.

Otras versiones traducen el versículo 24 como, «...*por cuanto ha mostrado una actitud diferente...*» (NVI; NTV). Aquí hay una poderosa clave aplicada al liderazgo: Caleb tuvo una actitud diferente, él se portó distinto a los demás, fue un hombre distinguido delante del Señor, y esta actitud diferente fue la actitud de fe.

Era fácil para algunos observar la parte ceremonial de la ley y cumplir con lo ordenado por Dios respecto a los sacrificios y diversas oblaciones; sin embargo, una cosa distinta era mostrar fe en el momento oportuno; en el momento en que había que poner en práctica la Palabra de Dios y exponer la fe que realmente cada uno tenía. Cuando las cosas van bien y no existe nada realmente grave de qué preocuparse es fácil decir que tenemos fe e inclusive, más fácil aún es recomendar a los demás que la tengan. Pero cuando la prueba viene, ahí es donde el líder cristiano generacional debe levantar la voz, hablar en fe, y declarar con valentía la Palabra de Dios. Esa es la actitud que Dios espera de cada uno de sus hijos, especialmente de sus líderes y siervos más útiles.

Conclusiónes:

El doctor John Maxwell declara acerca del liderazgo: «Muy a menudo vemos el liderazgo desde una perspectiva a corto plazo en lugar de una a largo plazo. Servir a Dios a través del liderazgo es una maratón, no una carrera de velocidad».[23] Los propósitos divinos solo se cumplen en su tiempo, no en el nuestro, aunque a veces nos parezca un tiempo interminable. Caleb tuvo que esperar cuarenta y cinco largos años para ver cumplido su sueño: la toma de la tierra que Dios le prometió. Perseverancia y fidelidad marcan la vida de Caleb, cualidades relevantes que le permitieron, a su tiempo, recibir la recompensa que solo Dios puede dar.

---

[23] John Maxwell, *Aprendamos de los Gigantes* (New York: Faith Words, 2014) p. 30.

5 LIDERES DE LA GENERACIÓN DE DÉBORA

> «Gobernaba en aquel tiempo a Israel una mujer, Débora, profetisa, mujer de Lapidot... Barac le respondió: Si tú fueres conmigo, yo iré; pero si no fueres conmigo, no iré».
> —Jueces 4:4, 8

> «El liderazgo es una serie de comportamientos, y no un papel para héroes».
> —Margaret Wheatley

Introducción

Las Escrituras están repletas de historias insólitas, de situaciones inusuales que no son fáciles de explicar ni de entender mediante una mera lógica humana. La historia de Débora es una de ellas. Débora vivía en una sociedad en donde el rol de las mujeres estaba bastante limitado y su misión de vida era conformarse casi exclusivamente a las tareas domésticas. En medio de una sociedad dominada profundamente por la idea del patriarcado, llena de prejuicios y discriminación, Débora rompe todos los paradigmas de liderazgo generacional, y se levanta como jueza y profetiza en Israel.

El autor Fred H. Wigth describe con detalle las tareas femeniles de aquellos tiempos en varias páginas de su obra, él dice: «Algunas de las tareas cotidianas de las mujeres se concentraban en moler el grano, preparar alimentos, fabricar telas y vestidos, cuidar de los niños y del ganado e ir a recoger agua».[24] Por otra parte en un artículo escrito por María Eugenia Iriarte, ella nos dice: «Las mujeres hebreas del Antiguo Testamento soportaban una situación muy discriminada con respecto al varón. Estaban excluidas prácticamente de la vida religiosa. No se les enseñaba la Tora pensando que eran incapaces de una total observancia. Tanto en el templo como en las sinagogas estaban separadas de los hombres y en ocasiones relegadas a los últimos lugares. El culto empezaba cuando se reunían diez hombres, mientras que el número de las mujeres no contaba e incluso se les prohibía leer la ley y los profetas».[25]

Así, siendo que Débora fue jueza de Israel, era natural que conociera la ley de Dios a la perfección. Por tanto, si no le era permitido a una mujer aprender la ley, y no había quién se la enseñara, es de suponerse que Débora se las arregló para conocerla, la aprendió y la aplicó con gran sabiduría entre el pueblo.

El nombre de Débora

El significado de su nombre en el idioma hebreo es «abeja». Dentro del pueblo de Israel llevó a cabo un papel protagónico siendo Débora gobernante, profeta y a la vez la cuarta juez antes del período de la monarquía hebraica.

---

[24] Fred H. Wight, *Usos y costumbres de las tierras bíblicas* (Grand Rapids: Portavoz, 1981), 83-93.

[25] María Eugenia Iriarte, *Mujer y Ministerio: Antiguo Testamento* (Repositorio Institucional Universidad Centroamericana, 1992), 43-58, archivo PDF. http://repositorio.uca.edu.ni/3874/1/Mujer%20y%20ministerio%20Antiguo%20testamento.pdf (accesado 6/6/2022).

El significado de su nombre, no es, como lo podemos constatar con otros muchos nombres bíblicos, algo meramente fortuito. Débora fue una mujer sumamente diligente y esforzada. El trabajo de juez era un trabajo exhaustivo; tanto, que cuando Moisés trataba él solo de hacerlo, se sintió bastante abrumado. De esta manera, cuando su suegro, al estar de visita, notó su cansancio, fue entonces —según podemos leerlo en Éxodo 18— que le dijo: «*No está bien lo que haces. Desfallecerás del todo, tú, y también este pueblo que está contigo; porque el trabajo es demasiado pesado para ti; no podrás hacerlo tú solo*» (Éxodo 18:17-18). Ahora bien, Débora, siendo una mujer, ella tomó el rol de jueza y sirvió a Israel por muchos años.

Es llamada también madre de Israel (Jueces 5:7), y una madre es aquella que cuida, que labora diligentemente en la crianza de sus hijos, y que es ejemplo de otras mujeres. Definitivamente Débora fue una mujer muy laboriosa, tan laboriosa como una abeja. Es por ello que su nombre significa *abeja*. Y las abejas producen miel, y Débora, aunque en aquel tiempo había, como mujer, tomado las funciones de un hombre, era a la vez una mujer dulce; tanto, que cantó con Barac, y su cántico está registrado en el capítulo 5 del mismo libro. Por todo esto, podemos decir que Débora era una líder destacada, una madre para su hogar, y una mujer de adoración que cantaba dulcemente al Señor.

Rol de la mujer como lideresa

Desde un ambiente natural y debajo de una palmera, Débora escuchaba y dictaba las ordenanzas, preceptos y juicios a los hijos de Israel que subían para esperar respuestas justas respecto a los asuntos consultados. «*Y acostumbraba a sentarse bajo la palmera de Débora, y los hijos de Israel subían a ella a juicio*» (Jueces 4:5).

Aun hoy en día existe algún prejuicio en algunas sociedades respecto al consejo sabio que pueda dar una mujer; sin embargo, el pueblo entero escuchaba a Débora, la sabiduría de Dios había sido depositada en ella. Esto prueba que Dios puede usar a hombres y a mujeres por igual, y que Él es soberano en la repartición de sus dones. Aunque es más usual que los hombres participen en el liderazgo en la iglesia, en las Escrituras tenemos suficientes ejemplos para asegurar que la puerta está abierta para las mujeres de igual manera que para los hombres, y que ninguno debería de poner ningún tipo de impedimento a su liderazgo.

La historia de la jueza Débora es la historia de una mujer militar. Ante la amenaza cananea, ella dio la oportunidad a Barac de tomar el liderazgo y le dijo: «*¿No te ha mandado Jehová Dios de Israel, diciendo: Ve, junta a tu gente en el monte de Tabor, y toma contigo diez mil hombres de la tribu de Neftalí y de la tribu de Zabulón; y yo atraeré hacia ti al arroyo de Cisón a Sísara, capitán del ejército de Jabín, con sus carros y su ejército, y lo entregaré en tus manos?*» (Jueces 4:6-7). Aquí Débora da a conocer que el Espíritu de Dios estaba sobre ella: ella sabía de antemano lo que Dios había dicho a Barac; no obstante, Barac fue reacio a obedecer la voz de Dios y se mostró temeroso; él quería que Débora fuese con él, aunque esto implicara que la gloria fuera dada a una mujer. Esto nos revela que puede haber mujeres más valientes y esforzadas que los hombres. David le dijo a Salomón: «*Esfuérzate y sé hombre*» (1 Reyes 2:2), queriendo decir que es principalmente la responsabilidad del hombre ser fuerte y pelear en las batallas (tal y como lo hizo David); sin embargo, aquí vemos a una mujer excepcional: una mujer caudillo que guio al pueblo israelita a una gran victoria.

¿Quién era Débora?

No se nos da detalles en las Escrituras acerca de los orígenes de esta heroína; ni de su edad ni de cómo fue que ascendió a esa posición de liderazgo. En una cultura en donde el liderazgo del hombre era predominante y muy marcado, resalta en el libro de los Jueces el nombre de la jueza Débora. Luis de Salen señala al respecto: «El caso es interesante si se tiene en cuenta que aún hoy los puestos cumbres en el manejo de los países, permanece en manos de los varones».[26]

En muchas ocasiones las personas tienen puestos de liderazgo, no por que tengan capacidad para ello, sino decido a ciertas circunstancias políticas. No obstante, es de suponerse que Débora tuvo esa posición de gran importancia debido a que la gente reconoció en ella la unción y el talento otorgados por Dios; Débora era una persona bastante especial.

Esto comprueba que, en realidad, no es importante quienes seamos, ni cuál es nuestro trasfondo socio-económico y cultural cuando se trata de ejercer un liderazgo para Dios: «*El hombre ve lo que está delante de sus ojos, pero Jehová mira el corazón*» (1 Samuel 16:7). Es verdad que ciertas características derivadas del ambiente en donde crecimos nos hacen aptos para ministrar a cierto sector de la sociedad (según nuestra perspectiva); no obstante, Dios capacita y hace aptos a quienes la lógica nos dice que no son aptos, y «*Él levanta del polvo al pobre, Y al menesteroso alza del muladar, Para hacerlo sentar con los príncipes, Con los príncipes de su pueblo*» (Salmos 113:7-8).

«*Aún el muchacho es conocido por sus hechos, Si su conducta fuere limpia y recta*» (Proverbios 20:11); por tanto, es también razonable que Débora tenía una conducta intachable; era una mujer casada, y prudente. Una mujer con todas las virtudes cristianas, y digna de imitarse.

¿Quién era Débora? La Biblia no nos da detalles de su trasfondo, pero sí podemos deducir que fue una mujer que se ganó a pulso la admiración y respecto de todo Israel.

Débora como soldado

Son pocas las mujeres que asumen un papel protagónico en la Biblia, pero la historia de Débora nos inspira siglos después de

---

[26] Luis de Salem, *Mujeres en la Biblia* (México: Publicaciones El Faro, 1984), 41.

haber ocurrido. Destacada como una mujer sabia e inteligente, recibe de parte de Dios la fuerza para dirigir a su pueblo en momentos de crisis y temor. El Comentario Exegético y Explicativo de la Biblia dice al respecto: «Mujer de conocimientos, sabiduría y piedad extraordinarios, instruida en los conocimientos divinos por el Espíritu, y acostumbrada a interpretar la divina voluntad, ya había llegado a tener una influencia y gozaba del respeto general».[27] Débora no era una soldado, era esposa, pero al involucrarse en batalla, «lideró un ejército de soldados de a pie que venció a un [invasor que tenía carros de guerra]».[28]

Débora no poseía ningún tipo de entrenamiento militar, ni pasó por los puestos militares que normalmente es necesario pasar para asumir la posición de general; no obstante, Dios le ayudó para que libertara a Israel: Israel, por primera vez en la historia, fue libertada por mano de una mujer.

Madre de Israel

Débora cumplió su misión a cabalidad, de tal manera que el historiador sagrado resume el éxito de su gobierno con las siguientes palabras: «La tierra reposó cuarenta años» (Jueces 5:31). Débora inspira, tanto, que el comandante en jefe de los ejércitos israelitas (nombrado por ella), Barac, le pide: *«Si tu fueres conmigo, yo iré, pero si no fueres conmigo, no iré»* (Jueces 4:8). Barac sabía que la presencia de Débora al frente del ejército en el campo de batalla valía más que miles de tropas; tanto, que hasta mujeres extranjeras —como es el caso de Jael, mujer de Heber—, salieron en defensa de Israel (Jueces 4:17-24).[29]

---

[27] Roberto Jamieson, A.R. Fausset y David Brown, *Comentario Exegético y Explicativo de la Biblia. Tomo I: El Antiguo Testamento* (El Paso: Casa Bautista de publicaciones, 1992), 203.
[28] Stephen M. Miller, *La Guía Completa de la Biblia* (Uhrichsville: Casa Promesa, 2007), 73.
[29] Luis D. Salem, 43.

Lo más admirable sobre Débora son los títulos que la palabra de Dios le confiere: jueza, profetiza, esposa, poeta; y en el capítulo cinco de este libro de los jueces, va más allá al conferirle y elogiarla con el título de «madre de Israel»: *«Las aldeas quedaron abandonadas en Israel, habían decaído, Hasta que yo Débora me levanté, Me levanté como madre en Israel»* (Jueces 5:7). Este título conferido a Débora es único en todas las Escrituras, lo que la convierte en una matriarca excepcionalmente sorprendente.

Cántico de Débora y su liderazgo

Aprendemos que para Dios el rol de liderazgo no tiene un género preferido, Él usa a la persona que quiere, y de la manera que Él quiere; en este caso, la hábil e inteligente Débora contribuyó a la paz social durante 40 años. Esta fue la manera en que ella se ganó el respeto de las tribus de Israel. El liderazgo de hoy necesita estar marcado por las virtudes de una mujer como lo fue Débora. El líder cristiano generacional, como profeta, necesita recibir los mensajes de parte de Dios y comunicarlos al pueblo; esto implica la necesidad de que los líderes practiquen un estilo de vida de comunión con Dios. Pamela L. McQuade comenta: «¿Necesitas un cuadro de una mujer confiada y poderosa que también era humilde y fiel? Mira a Débora. Ser un líder poco usual no la detuvo en seco, y tampoco tiene por qué detener a una mujer cristiana en la actualidad, pues puede ser una exitosa madre, líder y esposa si obedece a Dios cada día».[30] Además, es necesario que los líderes generacionales no se intimiden ante los retos que implica el ministerio, sino más bien, debe aceptarlos y enfrentar lo que sea necesario en el nombre del Señor.

---

[30] Pamela L. McQuade, *Las 100 principales mujeres de la Biblia* (Uhrichsville: Casa Promesa, 2007), 39.

Conclusiónes:

En muchas ocasiones parece que Dios escoge a personas sin importar su género, oficio, estatus social, color de su piel o trasfondo familiar para llevar a cabo sus propósitos. Este es el caso de Débora. Además, no podemos explicar cómo es que Dios interviene de una manera inesperada y creativa. El pastor y escritor Warren W. Wiersbe nos describe la idea anterior en estas atinadas palabras: «Si puede explicar lo que Dios está haciendo en su ministerio, entonces Dios realmente no está en él».[31]

De este capítulo se pueden extractar las siguientes conclusiones:

1. Débora rompió los paradigmas de liderazgo en Israel (y en una cultura dominada por los hombres).
2. Débora aprendió la ley de Dios, aunque era algo común que no se enseñara entre las mujeres en la sociedad que ella vivió.
3. El nombre de Débora significa *abeja*, y ella fue una mujer muy laboriosa y esforzada, a la vez que fue una mujer dulce y madre de familia.
4. Es llamada Madre de Israel, asumiendo con ello una posición de gran liderazgo: ella era el ejemplo a seguir, quien ejercía disciplina y quien alimentaba espiritualmente al pueblo.
5. Aunque Débora no fue militar, ella se destacó liberando a su pueblo de sus enemigos. Dios le dio la capacidad para hacer tal cosa sin importar que fuera una mujer.

---

[31] Maxwell. *Aprendamos de los Gigantes*, 73.

6 LÍDERES DE LA GENERACIÓN DE ESTER

«Ve y reúne a todos los judíos que se hallan en Susa, y ayunad por mí, y no comáis ni bebáis en tres días, noche y día; yo también con mis doncellas ayunaré igualmente, y entonces entraré a ver al rey, aunque no sea conforme a la ley; y si perezco, que perezca».

—Ester 4:16

«La gente extraordinaria tiene una cosa en común: un sentido incuestionable de misión».

—Zig Ziglar

Introducción

En un determinado momento en que se desarrollaba una de sus películas, el renombrado actor y protagonista estelar Sylveter Stallone expresó una frase que me llamó poderosamente la atención, tanto, que pudiera relacionarla con el pasaje bíblico del encabezado de este capítulo. Este famoso actor dijo lo siguiente: «Vive por nada o muere por algo».

Esto significa que nuestra vida tiene significado si tenemos una meta, un determinado propósito para vivir. El líder cristiano es aquel que mantiene una meta definida y tiene un propósito de vida, y este propósito ha sido determinado de antemano por el Señor. Si estamos seguros del propósito de vida, estaremos dispuestos a tomar riesgos para alcanzarlo, pues Dios estará de nuestro lado en todo el proceso.

El libro de Ester nos brinda un marcado ejemplo del amor y valor que tuvo una mujer en favor de su pueblo. Ella pudo comprender que tenía una razón de vivir. Dios no la llevó a esa posición tan solo para que disfrutara de los placeres terrenales que brinda ser la reina de un reino rico como lo era Persia en su tiempo. Más bien, Dios la puso en esa posición para ser una pieza clave en la liberación del pueblo de Dios.

Al principio, quizá Ester no comprendía bien este propósito; sin embargo, su tío Mardoqueo, quien era un hombre consagrado a Dios y estaba lleno de sabiduría, se encargó de abrir sus ojos para comprender esto. Lo interesante fue que Ester fue una mujer inteligente y comprendió muy claramente su papel y se dedicó a cumplirlo. En este capítulo estaré analizando varios aspectos importantes en el liderazgo de Ester.

Dios levanta de la nada

Ester fue escogida por Asuero —soberano en el antiguo imperio persa— por medio de una especie de «concurso de belleza» en donde ella asciende desde el anonimato hasta el trono. Procedente de una humilde cuna hebrea, las Escrituras la describen como «...la joven era de hermosa figura y de buen parecer» (Ester 2:7). Esta fue la simple manera en que Ester sale del anonimato y de la pobreza material para convertirse en la nueva reina, esposa del rey Asuero.

Fue una circunstancia muy especial en donde la reina Vasti fue destituida, se abrió la puerta para que una chica como Ester se convirtiera en una mujer rica y poderosa. La Palabra de Dios dice que el Señor «levanta del polvo al pobre, Y al menesteroso alza del muladar» (Salmos 113:7). Y no sabemos exactamente las circunstancias de Ester, sino únicamente que era huérfana y que estaba bajo el cuidado de su tío Mardoqueo.

El Señor es el «Padre de huérfanos, y defensor de viudas» (Salmos 68:5), y Él cuidó de Ester todo el tiempo, desde que ella quedó en esa condición. ¿Por qué sería esto así? No lo sabemos, la Biblia no nos da detalles; sin embargo, podemos estar seguros del sufrimiento que Ester tuvo que experimentar. Podemos imaginar los tiempos de oración, de lágrimas delante del Señor, en donde Ester suplica que le ayude a superar sus traumas y que le conceda tener una vida exitosa a pesar de su orfandad.

Es posible que una persona se convierta en un gran líder cristiano, a pesar de todas sus deficiencias y carencias, Ester es un claro ejemplo de ello. El Señor es poderoso para levantar a una chica huérfana y hacer de ella la mujer más poderosa del reino, y esto de un día para otro. ¿Podrá hacer lo mismo contigo? La clave fue que Ester fue una mujer que estuvo preparada para ser exaltada por el Señor y cuando llegó el momento, ella estaba lista.

No se enfocó en sus debilidades o carencias

El autor Kent Ingle escribe: «Cuando más claramente entienda su misión, mejor preparado estará para tomar decisiones».[32] Estar consciente de aquello para lo que Dios le ha puesto a usted en esta tierra le permitirá mantenerse enfocado en el útil desempeño de su liderazgo. Por el contrario, enfocar nuestra mirada en nuestras incapacidades y debilidades únicamente logrará que no cumplamos con los propósitos de Dios en nuestras vidas.

---

[32] Kent Ingle, *9 Disciplinas de un liderazgo perdurable: Desarrolle el potencial de su designio divino* (Springfield, MO: Salubris Resourses, 2015), 116-117.

El devocional *Tiempo con Dios*, en uno de sus acertados comentarios señala: «No podemos cumplir el llamado divino, si nos enfocamos en las debilidades humanas». Luego continúa diciendo: «No obstante, al enfocarse en sus debilidades, termina limitando el poder de Dios».[33]

Definitivamente Ester tenía graves carencias. Era una joven huérfana, y si hoy los huérfanos pueden ser menospreciados, ¡qué no sería en aquellos tiempos! Aquí es donde una persona tiene que tomar una decisión: excusarse por sus carencias para no cumplir el propósito de Dios o esforzarse para superar los obstáculos, confiando en que el Señor le ayudará. Muchos de los grandes hombres y mujeres de la historia tuvieron profundas deficiencias; en la Biblia tenemos muchos ejemplos de esto también. El líder cristiano de hoy debería tener un pensamiento positivo y enfocarse en la misión antes que en aquello de lo que carece, y en cualquier cosa que pudiera hacerle difícil el camino. Jamás las grandes empresas tuvieron éxito sin obstáculos y ninguna de ellas tuvo todos los recursos para lograr sus objetivos, siempre los fue adquiriendo poco a poco. Dios está con el líder que se libera de sus temores mediante la ayuda del Espíritu Santo, y se enfoca en la misión, recibirá el respaldo de Dios.

La determinación

El libro de Ester se caracteriza por ser una historia dramática. En él se desarrollan varias corrientes que se entremezclan: el poder, el amor, la intriga y las pasiones del ser humano, y todo esto se interrelaciona con la divina soberanía de Dios.

Una de las fiestas anuales que celebran los judíos se llama la Fiesta del Purim, ésta se celebra el 14 del mes judío de Adar (este día, en el calendario gregoriano varía entre la última semana de

---

[33] Duranno Latino, *Devocional Tiempo con Dios* (Bogotá: Duranno Latino, 2021), 74.

febrero y la tercera de marzo, dependiendo del año de que se trate). Purim significa «suertes», y se llama así porque el primer ministro del reino persa, Amán, archienemigo de los judíos, echó «suertes» para buscar una fecha en que decretaría exterminar a estos judíos (Ester 3:7-10).

La historia sagrada nos dice que, si no hubiese sido por la intervención de Ester, los judíos hubieran sido exterminados por mano de Amán y su maléfico plan; la historia que se narra hubiera sido otra.

La generación de líderes de Ester necesita un complemento dentro de sus ministerios, el cual yo le llamo «determinación». Una de las definiciones de esta palabra es: «osadía y valor».[34] Al respecto, hablando de Ester, el autor Luis D. Salem dice en sus escritos: «Estos actos heroicos eran producto de un sincero amor y honda preocupación por el destino de su pueblo».[35] Arriesgando su propia vida, Ester se constituye así en una heroína patriótica a favor de su amado pueblo judío. Ester fue una mujer con una firme determinación, osadía y valor.

La diligencia de Ester

Las mujeres de nuestro tiempo pueden seguir el ejemplo de Ester. Las mujeres de hoy pueden hacer uso de las posiciones de liderazgo que Dios les haya otorgado y así lograr cambios significativos que favorezcan en especial a los más vulnerables de su entorno; mi recomendación para ellas es que no se conformen con buscar su propio beneficio personal.

Ester trabajó diligentemente para salvar a su pueblo. Ella podría haber dicho: «Ya soy la reina, el rey me ama, no me falta nada aquí y podré vivir holgadamente el resto de mi vida, no necesito

---

[34] *Diccionario de la lengua española*, 23.ª ed., [versión 23.5 en línea]. https://dle.rae.es (accesado 6/30/2022).
[35] Salem, 64.

arriesgar mi posición y hasta mi vida por otros». No obstante, si ella hubiera pensado de esta manera, como lo dijo Mardoqueo, Dios hubiera levantado algún otro salvador para los judíos, y ella y su familia hubiesen perecido. Mardoqueo dijo: *«Porque si callas absolutamente en este tiempo, respiro y liberación vendrá de alguna otra parte para los judíos; mas tú y la casa de tu padre pereceréis. ¿Y quién sabe si para esta hora has llegado al reino?»* (Ester 4:14).

El cumplimiento de nuestra misión es algo intransferible, y el tiempo en que deba ser cumplida está bien definido. Ester tuvo su oportunidad para servir a su generación y cumplir su misión, si ella no lo hubiese aprovechado, ya no habría otra oportunidad. Por tanto, para cumplir esa misión es necesaria la diligencia.

Ester no se acostó a dormir, ni se fue de vacaciones, ella fue diligente en cumplir su misión; eso es exactamente lo que Dios espera de cada uno de nosotros. Para un líder cristiano de éxito no hay lugar para la indolencia. El proverbio inspirado por Dios dice: «Ve a la hormiga, oh perezoso, Mira sus caminos y sé sabio» (Proverbios 6:6).

El compromiso de Ester

Sin duda alguna, uno de los ingredientes necesarios dentro del liderazgo es el compromiso. Si tenemos una misión que cumplir delante del Señor y la cumplimos dentro del marco de los valores cristianos, el compromiso con esa misión debe ser muy firme. Podemos ver que en la vida de Ester estos dos elementos (el sentido de misión y el compromiso) se unen y hacen un equipo extraordinario.

Ester muestra un gran compromiso con la misión cuando se atreve a entrar sin ser llamada a la presencia del rey, aunque esto significara arriesgar la vida. Ester podría haber muerto, o al menos ser destituida como reina (como lo había sido Vasti); el rey no tenía ninguna necesidad de ella; él podía tomar cualquier otra mujer que quisiere dentro del reino; sin embargo, sabía que Ester era una mujer especial. No una de tantas mujeres vanas que podrían existir en el imperio persa, no, Ester era una mujer de Dios.

¿Cómo sabemos que Ester era una mujer de Dios? Porque Ester decidió meterse en ayuno antes de presentarse ante el rey Asuero. Ester se metió en ayuno, y aunque el pasaje no lo dice, podemos estar seguros de que este ayuno fue combinado con una oración intensa. La vida de Ester estaba en riesgo, y el único que haría que tanto la vida de ella como la vida de su pueblo fuese rescatada, era Dios mismo.

Este era un ayuno intenso, de tres días sin comer ni beber. Para las personas que alguna vez hemos hecho este ayuno sabemos que es algo muy pesado. El cuerpo humano no puede estar más de tres días sin agua y al cuarto rápidamente el cuerpo empezará a morir. El cuerpo se debilita en gran manera al no beber agua. No obstante, lo que físicamente pudiera padecer a Ester no le importaba, ella estaba comprometida con su misión: su misión lo era todo.

Cuando el líder cristiano se compromete con la misión que Dios le ha encomendado, Él mismo se encargará de todos los demás aspectos de la vida. Aquí es donde se cumple el pasaje que dice: «Más buscad primeramente el reino de Dios y su justicia y todas estas cosas [las necesidades humanas] os serán añadidas» (Mateo 6:33). Dios quiere que sus líderes generacionales sean hombres y mujeres comprometidos con la misión.

La espiritualidad de Ester

Fue entonces que Ester se convierte en una líder espiritual. Ella se propuso a ayunar, pidió a todos los judíos de Susa que hicieran lo mismo, y ellos le obedecieron; todos los judíos de Susa, junto con Ester y sus doncellas, estuvieron ayunando. Dios había convertido a Ester en la líder espiritual de su generación.

Ester es una mujer callada que asume su papel de liderazgo. Discreta pero valerosa, Ester emprende un movimiento sin violencia apelando a una de las disciplinas espirituales que a Dios agrada: el ayuno. Recordemos la advertencia del apóstol San Pablo quien dijo: «Porque no tenemos lucha contra sangre y carne, sino contra principados, contra potestades, contra los gobernadores de las tinieblas de este siglo, contra huestes espirituales de maldad en las regiones celestes» (Efesios 6:12).

A pesar de que en el libro de Ester no se hace mención alguna del nombre de quién fue el hacedor del milagro, ni del verdadero libertador para el pueblo judío, sabemos que fue nuestro Señor Jehová.

Un líder generacional es aquel que intensifica su consagración al Señor; él o ella sabe que de Dios vienen todas las cosas, y que Él pelea nuestras batallas. Si nuestra lucha no es contra sangre ni carne, es decir, contra seres humanos, entonces podemos confiar que nuestras armas espirituales son suficientes para vencer en nuestras luchas. Ester no había sido educada para ser una mujer de estado, ni sabía una pizca de política. Ella no fue criada en el palacio ni conocía los protocolos de la corte real; no obstante, una cosa ella sabía, y este conocimiento era más valioso que todas las universidades juntas: que de Dios viene el socorro, que Él hace milagros y maravillas. Ella sabía que el Dios de Abraham, Isaac y Jacob era poderoso para librarles de las garras de la muerte.

Mujer de estrategia

Ester no era solamente bella, sino también era una joven inteligente; y como tal, ideó una estrategia única para salvar a su pueblo del genocidio tramado por el malvado enemigo Aman. Este hombre descubrió que los judíos se mantenían divididos y dispersos: «Y dijo Amán al rey Asuero: Hay un pueblo esparcido y distribuido entre los pueblos en todas las provincias de tu reino, y sus leyes son diferentes de las de todo pueblo, y no guardan las leyes del rey, y al rey nada le beneficia el dejarlos vivir» (Ester 3:8).

Ester aprovechó de manera inteligente esta observación, supo cuál era la estrategia del enemigo y entendió cuál era la forma de contrarrestarla. Así, Ester supo unir al pueblo en un punto común: el ayuno. El pueblo estaría unido para ayunar. Este ayuno no requería el que todos se reunieran en un solo lugar, pero haría que el pueblo estuviera unido en un solo pensamiento. El ayuno era algo que todos podían llevar a cabo, y mostrarían una vez más que la unión hace la fuerza.

Asimismo, podemos observar que Ester no declaró de inmediato al rey sobre el asunto de los judíos, sino que convocó a una primera fiesta; y luego a otra fiesta. Y en la segunda, ella declaró al rey cuáles eran las intenciones de Amán. Ella procuró hallar gracia delante del rey primero, y el rey le preguntó en cada uno de los banquetes: «¿Cuál es tu petición, reina Ester, y te será concedida?» (Ester 5:3; 7:1).

Ester no fue a demandarle al rey que derogara el decreto que había emitido; ni vino a él con reclamos; antes, ella fue humilde y sumisa a la autoridad del rey, ella entró a él con halagos, con dos fiestas. Luego, su petición fue: «Séame mi vida por mi petición, y mi pueblo por mi demanda...» (Ester 7:3).

Conclusiónes:
La protagonista de esta historia es considerada como una de las más grandes mujeres de la Biblia debido a su historia y heroísmo. La reina Ester nos deja un gran legado el cual debemos de imitar todos nosotros, especialmente en cuanto al área del liderazgo. Ester nos enseña a:
1. Tener disposición para pagar el mayor precio por otros, sacrificando nuestra propia vida.
2. Que el camino del éxito en el liderazgo este marcado por un

mosaico de obstáculos y que esos obstáculos son una parte esencial del plan mismo.

3. Que existen dos factores sumamente importantes en el liderazgo de éxito, y estos son: el compromiso y la determinación.
4. Que necesitamos mantener una vida de cercanía con Dios para que el Señor nos otorgue la gracia y las estrategias necesarias para tener éxito en nuestro liderazgo.
5. Que liderazgo de éxito siempre requiere diligencia en lo que hacemos para Dios.
6. Que nuestro sentido de misión debe ser prioridad en nuestra vida, sabiendo que la obediencia al Señor es más importante que el bienestar momentáneo que esta vida nos pueda ofrecer.

Vemos en Ester una mujer con cualidades sobresalientes tales como: fue obediencia a los padres (en este caso a Mardoqueo); mostró espiritualidad (ella se metió en ayuno y oración para interceder por su pueblo); fue sumisa a la autoridad del rey; supo tomar riesgos necesarios con fe; supo tener una estrategia inteligente; y fue diligente para actuar cuando debía.

7 EL LÍDER EN SU COMUNIDAD: DORCAS

«Había entonces en Jope una discípula llamada Tabita, que traducido quiere decir, Dorcas. Esta abundaba en buenas obras y en limosnas que hacía [...] Levantándose entonces Pedro, fue con ellos; y cuando llegó, le llevaron a la sala, donde le rodearon todas las viudas, llorando y mostrando las túnicas y los vestidos que Dorcas hacía cuando estaba con ellas».
—Hechos 9:36, 39

«Un líder es un repartidor de esperanza».
— Napoleón Bonaparte

Llevar a cabo actos de servicio y de misericordia que demuestran el amor de Dios en nosotros es una de las marcas de aquellos que han comprendido el mensaje de Cristo. El Señor nos habló de servir a los demás —en especial a los más vulnerables— y de ello nos dio ejemplo.

El Señor Jesús ordenó que sus discípulos siguieran sus pisadas, y que no se conformaran con tener conocimiento, pues dijo: «*Si sabéis estas cosas, bienaventurados seréis si las hiciereis*» (Juan 13:17).

No cabe duda que Dorcas era una discípula, porque ella seguía el ejemplo del Señor Jesús; no es casualidad que en la Biblia se le llame discípula: «*Había entonces en Jope una discípula llamada Tabita...*» (Hechos 9:36). Si observamos, la Biblia contiene detalles que nos dan mucha luz y este es uno de ellos, ninguna palabra está ahí por mera casualidad.

Las viudas a las que Dorcas sirvió estaban dentro de una comunidad de marginados, personas de escasos recursos y posiblemente algunas de ellas enfermas, tristes y desesperanzadas. Para ellas Dorcas se había convertido en un rayo de esperanza; ella era una persona que les hacía sentir que había alguien que se preocupaba por ellas. Dorcas dedicaba tiempo para cocer vestidos para las viudas, y así, cubría una de sus necesidades más básicas que tiene todo ser humano. Además, abundaba en buenas obras y limosas y, aunque la Palabra no lo menciona, Dorcas seguramente hablaba del Señor a todo aquel que ayudaba. En este capítulo haré un análisis más minucioso de las características de este líder generacional que fue Dorcas.

No es necesario hacer grandes hazañas para ser un líder

Lucas, escritor del libro de los Hechos, siendo inspirado por el Espíritu Santo, dedica únicamente siete versículos para hablarnos de Dorcas, sin embargo, estos siete versículos son suficientes para impactar nuestras vidas. Dorcas es mencionada en el capítulo 9; una mujer de gran influencia en su entorno, cuyas hazañas no están registradas con detalle; sin embargo, lo que de ella leemos es suficiente para entender que era una gran mujer delante de Dios.

El relato prueba, en primer lugar, que no se requiere de grandes hazañas, ni de obras heroicas extraordinarias para cumplir con la Gran Comisión y para ser usado por Dios. Quizá muchos de nosotros soñemos estar al frente de multitudes, predicar en estadios repletos o servir a miles de personas a la vez; sin embargo, eso no es lo que tiene gran valor delante de Dios. El Señor quiere que cada uno cumpla con su misión en la medida de sus fuerzas, y actúe conforme a las capacidades que Él repartió a cada uno.

La vida devota de Dorcas y su espíritu de servicio es el ejemplo perfecto para todo aquel que ejerza un liderazgo a todos los niveles en el cuerpo de Cristo. Dorcas fue una mujer cuya simpleza y vida de servicio desinteresado es digna de ser imitada; su vida no estuvo ocupada en ella misma, ni en ser importante o famosa, mas bien, ella se dedicó a servir y ayudar a los demás. Ese también debería ser el enfoque de cada uno de nosotros, sin importarnos que los demás nos vean o si nuestro nombre aparece en los escaparates del mundo.

Las acciones de Dorcas son imprescindibles en el mundo de hoy, acciones que deben ser ejercidas por todo cristiano, pues Cristo dijo: «*Porque tuve hambre, y me disteis de comer; tuve sed, y me disteis de beber; fui forastero, y me recogisteis*» (Mateo 25:35).

En varios pasajes de las Escrituras el Señor dice que nuestras acciones serán juzgadas por Él (1 Corintios 3:8; Mateo 16:27; Romanos 2:6; 1 Pedro 1:17; Apocalipsis 2:23; 20:13); y estos pasajes bíblicos deberían ser el principal motivo para servir al Señor de todo corazón, sirviendo a los demás cada día de nuestra vida.

¿Quién era Dorcas?

Examinemos más de cerca la vida y los hechos de esta discípula del Señor, cuyo estilo de vida es registrado por la pluma del escritor sagrado Lucas. La vida de Dorcas es una vida inspiradora y desafiante, y cada vez que leemos su historia no podemos si no preguntarnos individualmente: «¿Qué estoy haciendo yo? Y no solo preguntarnos lo que cada uno de nosotros está haciendo, sino también: «¿Estoy levantando una generación de líderes estilo Dorcas?»

Veamos aquí algunas de las cosas que *no* se dicen acerca de Dorcas en el único pasaje en donde su nombre aparece. Para empezar *no* se menciona ningún dato personal de ella. No se dice si tenía o no familia, si vivía con parientes o sola; tampoco se revela nada respecto a su posición social, ni de su edad, ni si tenía algún título escolar; el escritor bíblico no dice nada de su economía ni de sus rasgos físicos.

Otra de las cosas que no se mencionan es la enfermedad de que murió; de si fue una enfermedad repentina, o si era crónica. El texto se limita a decir que enfermó y murió, y no da absolutamente ningún dato adicional. Creo que cada uno de nosotros tiene cierta curiosidad respecto a ese dato, y cada vez que alguien muere debido a una enfermedad nos gusta conocer los pormenores de ello, quizá nos interesa para prevenirla, queremos hacer algo para que no nos ocurra lo mismo. Pero para Dios, en este caso, el tipo y grado de la enfermedad de Dorcas no es un dato importante.

En la iglesia primitiva se enseñaba sobre la sanidad divina y era una práctica regular; algo muy común entre los primeros creyentes; no obstante, aquí se dice que la discípula Dorcas enfermó y murió; esto también nos debería alentar a aprender y enseñar sobre este tema tan importante.

Pues bien, lo que sí se menciona en el pasaje es que Dorcas vivía en un poblado costeño llamado Jope, localizado en la costa del mar Mediterráneo. Este dato, aunque no parece tener relevancia, la tenía debido a que Pedro, el siervo del Señor, estaba cerca de allí.

Finalmente, lo que se menciona de ella —y esto es lo más digno de mención—, es que era una discípula del Señor; y era discípula, porque imitaba al Señor en todo y sus obras daban testimonio de ello delante de Dios y de la comunidad.

Un corazón generoso

Dorcas era reconocida, respetada y honorable, pues ella «...*abundaba en buenas obras y en limosnas...*» (Hechos 9:36). En todo el Nuevo Testamento esta es la única vez que se menciona la palabra «discípula», y es para hacer mención de Dorcas, cuyo nombre proviene de una raíz muy interesante. El Comentario Mundo Hispano señala: «El nombre propio de la mujer, Tabita (arameo) corresponde a Dorcas (griego para gacela); [este nombre] se encuentra también en otras partes, entre judíos y gentiles. La gacela es de tipo y porte gracioso. Lucas nos traza un retrato bello de esta noble mujer, que parece haber consagrado todas sus propiedades al sostenimiento de las viudas pobres».[36]

La generosidad es una cualidad que se ve poco en el mundo de hoy. Es una cualidad que no depende de los recursos que alguien tenga, sino de un corazón libre y lleno de fe. El generoso cree poderosamente que Dios le proveerá para el futuro, en cambio, el que no da tiene miedo de que un día lo que tiene se le terminará y no tendrá lo suficiente para sus necesidades, como dice el libro de Santiago: «*Vuestro oro y plata están enmohecidos; y su moho testificará contra vosotros, y devorará del todo vuestras carnes como fuego. Habéis acumulado tesoros para los días postreros*» (Stg. 5:3).

Algunos ricos acumulan porque quieren en el futuro tener la mejor atención médica, dicen que, si llegaran a enfermar, quisieran contratar al mejor médico del país para que les atendiese. En este caso —infiramos un poco— Dorcas no tuvo el dinero para ser atendida por ningún médico, pues su fortuna la había invertido en ayudar a los pobres y los necesitados. Quizá a ella misma, en algún momento de debilidad, en medio de su enfermedad, el diablo le dijo: «¡Eso te pasa por ser tan tonta! ¡Ahora no tienes dinero para atenderte como es debido!». Sin embargo, Dios tenía planes maravillosos para Dorcas, Él le demostraría que la decisión de invertir su dinero de esa manera había sido la mejor decisión.

---

[36] Mundo Hispano, *Comentario bíblico mundo hispano Hechos* (El Paso: Editorial Mundo Hispano, 1993), 113.

El cuidado de las viudas en la Biblia

Sin la búsqueda de una posición o de reconocimiento público, las obras de Dorcas reflejaban lo que había en su desprendido corazón. Preocupada (pero a la vez ocupada) por lo que debía hacerse conforme al evangelio, no se dice de ella que abundara en palabras sino en obras; y así, con sus manos, ella favorecía a uno de los sectores más vulnerables de la sociedad de aquellos tiempos, las viudas pobres.

Recordemos que en aquellos tiempos la vida de los seres humanos era más frágil que la de nuestros días. Las condiciones insalubres de las ciudades, mayormente las de los puertos (debido al constante flujo de extranjeros y visitantes, a quienes no les importaba en lo absoluto las condiciones de la ciudad), era una amenaza constante en contra de la salud y de la vida humana.

Además, no había sistemas sanitarios de ninguna especie, e inclusive, aún no se conocía la existencia de las bacterias y de los gérmenes invisibles que causan las enfermedades. Y podemos pensar, que, si hoy una gran cantidad de mujeres mayores pueden estar padeciendo una o más enfermedades, en aquellos tiempos la situación podría ser peor.

Las viudas carecían de ayuda social o gubernamental, es por ello que la iglesia, debido al amor y a la compasión del Señor, se ocupaba de ellas (vea Hechos 6:1; 1 Ti. 5:3-16). Las viudas —y en especial las viudas pobres— era uno de los sectores más vulnerables de la sociedad.

Dorcas conocía la Palabra de Dios respecto al cuidado de ellas, y siendo una discípula del Señor, ella seguramente habría leído pasajes como Éxodo 22:21-23 o Deuteronomio 10:18, y muchos otros, en donde Dios ordena ocuparse de ellas.

Hoy la responsabilidad de la iglesia sigue siendo la misma, independientemente de los programas gubernamentales que existan para ayudarles; no obstante, no existen muchos con el corazón de Dorcas.

Las buenas obras y la discípula Dorcas

En la Palabra de Dios se nos exhorta en repetidas veces a las buenas obras. No porque las obras en sí tengan algún poder para salvarnos, sino porque las obras, es decir, las obras de Jesús, son el resultado de una verdadera y genuina salvación. La Palabra de Dios nos dice: «*Por sus frutos los conoceréis*» (Mateo 7:20).

El fruto de Dorcas testificaba fehacientemente que ella era una discípula del Señor. Todo líder cristiano debe ser, en primer lugar, un discípulo del Señor, debe poner el ejemplo de buenas obras. Dios espera fruto de todo aquel que se dice cristiano, y si un líder generacional contemporáneo no produce los frutos de Dios (Mateo 21:43), entonces se ha convertido en un ciego guía de ciegos (Mateo 15:14).

La Biblia dice que Dorcas abundaba en obras y limosnas y que con sus manos fabricaba túnicas y vestidos. Respecto a ello, Pamela L. McQuade pregunta acertadamente: «¿Testifican nuestras vidas con tanta claridad como lo hacía Dorcas?».[37] Si un líder generacional contemporáneo no está involucrado de alguna manera en esto no solo debería redefinir su liderazgo sino todo su cristianismo.

El buen testimonio

Ella no pasó desapercibida el día de su muerte, porque había sido una repartidora de esperanza. Lloraban y lamentaban la partida de un ser que hizo la diferencia en un mundo marginado y lastimado. Dorcas hizo la diferencia, y ¿qué de nosotros? Al respecto Darío López afirma: «Esta discípula de Jesús, con su ejemplo de generosidad cristiana y de compromiso con los indefensos, mostraba la ruta que todo discípulo tiene que seguir».[38]

---

[37] Pamela L. McQuade, *Las 100 principales mujeres,* 46.
[38] Darío López, *Comentario Bíblico Contemporáneo* ed. C. René Padilla (Buenos Aires: Ediciones Kairos, 2019), 1398.

Jesús nos enseña a acumular tesoros en el cielo, donde la recompensa es eterna y donde estos no se corroen ni existe el peligro de que sean hurtados o robados: *«No os hagáis tesoros en la tierra, donde la polilla y el orín corrompen, y donde ladrones minan y hurtan; sino haceos tesoros en el cielo, donde ni la polilla ni el orín corrompen, y donde ladrones no minan ni hurtan. Porque donde esté vuestro tesoro, allí estará también vuestro corazón»* (Lc. 12:19-21). La importancia radica —y es el caso de Dorcas— en donde, en quién y en qué invertimos nuestras fuerzas y nuestros recursos. Por lo tanto, nuestro verdadero tesoro estará en aquello en que invirtamos nuestra vida en esta tierra, y la orden del Señor es que nos enfoquemos en aquellas cosas que atañen a la eternidad.

El liderazgo espiritual de las viudas

Una de las características esenciales de todo líder es empoderar a las personas que les rodean. El portal cibernético —subsidiario de la Organización de las Naciones Unidas— ONU Mujeres México, declara: «Empoderar a las mujeres para que participen plenamente en todos los sectores y a todos los niveles de la actividad económica resulta fundamental para: construir economías fuertes; establecer sociedades más estables y justas; alcanzar los objetivos de desarrollo; **sostenibilidad** y derechos humanos acordados internacionalmente; mejorar la calidad de vida de las mujeres; de los hombres; de las familias y de las comunidades; promover las prácticas y objetivos empresariales».[39] Soy de la opinión de que, aunque esta palabra en los tiempos de Dorcas no existía, uno de sus objetivos era lograr que este sector vulnerable de la comunidad pudiera mejorar su estilo y calidad de vida. Dorcas se involucró y se interesó en

---

[39] ONU Mujeres Mexico, "Principios para el empoderamiento de las mujeres. La igualdad es un negocio" (accesado 6/30/2022). https://mexico.unwomen.org/es/digiteca/publicaciones/2011/7/principios-para-empoderamiento

estas mujeres desposeídas. Así también, cuando usted y yo nos preocupamos y nos ocupamos con las personas les añadimos valor.

Ninguno de nosotros conoce todo el potencial que una persona puede desarrollar sino hasta que le damos amor y atención; aun la persona poseedora de un gran talento puede irse a la tumba sin poderlo desarrollar si no encuentra un líder que le dé atención y amor para desarrollarlo; todos necesitamos alguien que crea en nosotros y nos brinde las oportunidades, en esto consiste exactamente el liderazgo.

Conclusiónes:
Lecciones aprendidas de esta líder generacional llamada Dorcas:
1. Servir a los demás es más que una lista de cosas por hacer. Es un estilo de vida.
2. Los actos de servicio que se ejercen en el mundo en que vivimos deben ser el resultado de un corazón generoso.
3. Las obras secretas de Dorcas fueron expuestas en público y tuvieron una gran recompensa, su resurrección.
4. Busquemos las oportunidades presentes a nuestro alrededor para lograr empoderar a las personas, a fin de que nuestras comunidades vivan un estilo mejor y más justo de vida.

Así como Dorcas, nosotros también debemos ser sensibles a las necesidades de los demás. Es necesario que prestemos atención a las personas que nos rodean para que podamos detectar cómo podemos ayudarlos. No siempre es necesario tener mucho dinero, sino que lo importante es tener la disposición de ayudar en lo que se pueda, con lo que tengamos a la mano. Debemos buscar parecernos más a Jesús y ser siempre sensibles y dispuestos para ayudar a los necesitados.

8 UN SEMBLANTE DEL LIDERAZGO DE DAVID

> «Porque a la verdad David, habiendo servido a su propia generación según la voluntad de Dios...»
>
> —Hechos 13:36

> «Un líder lleva a la gente a donde nunca habrían ido solas».
>
> —Hans Finzel

Introducción

Matthew Henry, al referirse a la porción bíblica antes citada, comenta lo siguiente: «David fue una gran bendición para la época en que vivió. No nacemos para nosotros mismos, pero alrededor nuestro vive gente a quienes debemos tener presentes para servir».[40] David fue un gran líder; un líder que se dedicó a servir a

---

[40] Matthew Henry, *Comentario bíblico de Matthew Henry* https://www.bibliatodo.com/comentario-biblico/?v=RV1960&co=matthew-henry&l=hechos&cap=13 (accesado 07/18/2022).

su generación y a su comunidad; así también nosotros debemos hacer lo mismo: dedicarnos a servir a nuestra comunidad, dentro de la generación que nos ha tocado vivir.

Cada tiempo tiene sus propias particularidades. Cada generación presenta sus propias problemáticas y sus propias limitaciones; pero nosotros no podemos sino servir a la generación en la que Dios nos ha puesto; esa y no otra. Hoy es nuestro tiempo y no habrá otro sino este.

El pasaje bíblico que he citado al principio presenta tres ideas clave: la primera es que menciona el liderazgo de David; la segunda es que él sirvió a su propia generación; y la tercera es que lo hizo según la voluntad de Dios. Basado en estas tres ideas principales, procederé a desarrollar este capítulo.

David como pastor de Israel

Dios tomó a David de las majadas de las ovejas (Salmos 78:70-72). Dios puede exaltar a quien Él quiera; Él no tiene favoritos, ni hace acepción de personas, por lo que se procuró a David, y lo exaltó de la nada para ser un hombre muy poderoso. David, mediante un proceso establecido por Dios y diseñado especialmente para él, fue avanzando en su liderazgo, hasta convertirse en el rey de Israel, y en el sucesor de Saúl.

David subió al trono de Israel, pero antes, tuvo que pasar por un tiempo de perfeccionamiento. En la narración bíblica se muestra como Samuel ungió a David por mandato de Dios (1 Samuel 16). En ese entonces David era apenas un jovenzuelo sin experiencia militar ni política; un joven cuya ocupación era la sencilla labor de cuidar de las ovejas de su padre. Nadie jamás podría imaginar que David algún día se convertiría en el líder de toda la nación; un joven anónimo, pastor de ovejas, cuyas armas eran la honda y las piedras que él escogía cuidadosamente (1 Samuel 17:45). Sin credenciales ni títulos, sin un círculo de hombres que le siguieran; sin influencia ninguna, David tocaba su arpa, cantaba al Señor, y en la quietud del campo, escribía salmos a Dios.

El joven pastor se dio a conocer por primera vez en público cuando se enfrentó a aquel paladín filisteo; un gigante llamado Goliat, a quien venció gracias a su inquebrantable fe en Dios. Esa misma fe fue la que le hizo vencer en muchas otras batallas a lo largo de su vida.

En aquel memorable enfrentamiento entre David y Goliat, el joven guerrero de Israel tenía una buena razón para ir con todas sus fuerzas en contra de su oponente. Era un asunto de honra: el joven ungido de Dios jamás permitiría que los escuadrones de Israel, el pueblo de Dios (que en ese momento estaban al mando del rey Saúl) fueran avergonzados. A David no le importó arriesgar su propia vida; y al vencer al gigante, honró a su Dios y ganó favor delante de todo el pueblo.

Las Escrituras señalan que David pastoreo a Israel de una manera muy particular: Dicen que Dios *«eligió a David su siervo, y lo tomó de las majadas de las ovejas; de tras las paridas lo trajo, para que apacentase a Jacob su pueblo, y a Israel su heredad. Y los apacentó conforme a la integridad de su corazón, los pastoreó con la pericia de sus manos»* (Salmo 78:70-72). La manera que David pastoreó fue con integridad de corazón y mostrando diligencia en el trabajo (con la pericia de sus manos).

Los escritores Heifetz y Linsky describen el concepto de liderazgo con palabras muy atinadas; las cuales, bien pueden describir el liderazgo de David: «El liderazgo vale la pena porque las metas van más allá de la ganancia material o del progreso personal. Al mejorar las vidas de las personas que le rodean, el liderazgo da un sentido a su vida».[41]

---

[41] Ronald A. Heifetz y Marty Linsky, *Liderazgo sin Límites* (México: Paidos Empresa, 2003), 17.

Sirvió a su generación

Lo segundo que menciona Hechos 13:36 es que David sirvió a su propia generación. Una de las definiciones de la palabra que se usa aquí —*generación*—, la encontramos en el Nuevo Diccionario Ilustrado de la Biblia: «A menudo en el Antiguo Testamento, generación se refiere a un "círculo" o "ciclo" de vida; es decir, el período desde el nacimiento de una persona hasta el nacimiento de los hijos de esta. En sentido colectivo, incluye a todos los que viven durante tal período (que significa asamblea, por ejemplo, Salmos 14:5; 49:11; Jeremías 2:31). En el Nuevo Testamento, «gr. *gueneá*» corresponde en general a esta acepción (Hechos 13:36; Efesios 3:5)».[42] Permítame hacer hincapié en estas palabras y resaltarlas como *únicas*; y es que usted y yo, como líderes, no tendremos otra oportunidad para servir, sino a nuestra propia generación.

No tendremos otra vida en este mundo más que la vida que Dios nos permite vivir aquí y ahora. Por tanto, tenemos que aprovechar al máximo el tiempo, y servir a aquellos a quienes Dios nos ha puesto a ministrar, tanto en la iglesia (la comunidad de fe), así como en la comunidad en general (la ciudad, el pueblo, la aldea, la tribu, etc.) donde Dios nos ha puesto para sembrar su Palabra; teniendo fe y confianza de que Dios, a su tiempo, traerá el fruto.

Servir a nuestra generación implica acción y no postergación

Entra también aquí un tema realmente importante, el tema de la postergación. Muchos de aquellos que han recibido un ministerio de parte del Señor piensan que todavía no es el tiempo para ponerlo en práctica. Ellos piensan que quizá algún día en el futuro Dios pondrá todas las circunstancias a favor para hacer aquello que Dios les ha llamado. Sin embargo, creo que ningún ministerio ha iniciado en ausencia de limitaciones y adversidades. Vemos en la

---

[42] Nelson, W. M., & Mayo, J. R. *Nuevo Diccionario Ilustrado de la Biblia* (electronic ed.). Nashville: Editorial Caribe. 1998.

Palabra que Dios espera que actuemos en base a su orden únicamente; y David es un buen ejemplo de ello.

El tiempo para luchar contra el gigante era exactamente el tiempo cuando ese enemigo estaba ahí, desafiando al pueblo de Dios. David bien podría haber pensado: «No estoy lo suficientemente preparado; no tengo un buen entrenamiento militar...» o, algo así como... «necesito orar más, no estoy lo suficientemente preparado espiritualmente, etc.». Sin embargo, David pensó en actuar de inmediato, confiando en que, si Dios le estaba poniendo enfrente ese desafío, ese era precisamente el tiempo en que debía de actuar.

El tiempo para hacer lo que Dios nos ha llamado es hoy. Esto no implica, por supuesto, que la preparación no tenga un lugar muy importante, desde luego que la preparación es algo bastante importante; no obstante, debemos recordar siempre que, si Dios nos ordena hacer algo, Él demanda una obediencia inmediata, pues la postergación equivale a desobediencia. Si Él nos ordena algo, podemos estar seguros de que Él lo hará, y nuestra preparación o nuestras fuerzas siempre serán suficientes para lograr aquello que Dios se ha propuesto hacer. La Biblia dice: «*No con ejército, ni con fuerza, sino con mi Espíritu, ha dicho Jehová de los ejércitos*» (Zacarías 4:6).

El liderazgo de David se caracterizó por la acción; y esa definitivamente es la característica de todo liderazgo generacional cristiano. Thomás Jefferson dijo: «No dejes para mañana lo que puedes hacer hoy», y la Biblia, en repetidas ocasiones nos dice que el mañana no nos pertenece (p. ej. Proverbios 27:1; Santiago 4:13-14). Por todo esto, es necesario invertir sabiamente el tiempo en aquellas acciones que traerán gloria a Dios, dentro del liderazgo generacional en donde Dios nos ha puesto a cada uno.

Sirvió conforme a la voluntad de Dios

La tercera vertiente de esta trilogía nos dice: «...*según la voluntad de Dios*». El apóstol San Pablo escribe en Romanos

12:2: «*No os conforméis a este siglo, sino transformaos por medio de la renovación de vuestro entendimiento, para que comprobéis cuál sea la buena voluntad de Dios, agradable y perfecta*». Tres características de la voluntad de Dios se resaltan en este pasaje paulino: que la voluntad de Dios es buena, agradable y perfecta.

Dios no se equivoca al escoger a sus instrumentos, aunque humanos e imperfectos, bajo su voluntad soberana, ellos cumplirán los propósitos para los cuales fueron elegidos. Es interesante pensar que de esta línea davídica vendría un día el Salvador de la humanidad, nuestro amado Jesús de Nazareth.

Dios tenía planes maravillosos para David y su posteridad; pero era necesario que este hombre ungido por Dios hiciera la voluntad del Señor. Dios ha dotado a cada un libre albedrío, con la capacidad de tomar decisiones personales; nosotros somos dueños de nuestra decisión y podemos tomar el camino que nos plazca; sin embargo, no somos dueños de las consecuencias de esas decisiones. David tomó algunas decisiones bastante malas, y ellas también están registradas en la Biblia. También están registradas las consecuencias que tales decisiones tuvieron; no obstante, David fue un hombre conforme al corazón de Dios (Hechos 13:22), y esto se debió a que él estuvo dispuesto siempre a obedecer al Señor en todo: «*Quien hará todo lo que yo quiera*». David no es ejemplo para nosotros en cuanto a sus malas decisiones, pero sí en cuanto a su actitud luego de su pecado: 1) Se arrepintió de todo corazón; y 2) estuvo dispuesto a sufrir los años de sufrimiento que tales decisiones y pequeños goces le costaron. De esto hablaré un poco más en una sección más adelante.

El hombre o mujer de Dios que ha sido llamado por Dios para ejercer un ministerio deberá dedicarse a hacer todo lo que Dios quiera. Lo que Dios quiere para uno puede ser muy distinto a lo que Él quiere para otro; no obstante, existe también una voluntad de Dios que es general para todos, y esta ha sido escrita con bastante claridad en la Biblia.

La espiritualidad de David

La primera referencia bíblica de David la encontramos en 1 Samuel 13:14. Estas fueron las palabras del respetado profeta Samuel, quien dijo a Saúl: «*Mas ahora tu reino no será duradero. Jehová se ha buscado un varón conforme a su corazón, ...*». Luego de esto, cientos de años más tarde, el evangelista Lucas registra —en un sermón del apóstol Pablo, quien predicaba en una sinagoga judía de la ciudad de Asia Menor llamada Antioquía de Pisidia—, unas palabras en concordancia con las del profeta Samuel. Lucas escribe las palabras de Pablo, quien dijo: «*Quitado este, les levantó por rey a David, de quien dio también testimonio diciendo: He hallado a David hijo de Isaí, varón conforme a mi corazón, quien hará todo lo que yo quiero*» (Hechos 13:22).

Dios mismo da testimonio de un hombre cuyo corazón era como el de Él, y esta es la única vez en las Escrituras que Dios hace tal declaración respecto a un ser humano. Es por ello que tengo bases firmes y razones suficientes para confirmar que la espiritualidad de este gigante de la fe llamado David era muy alta. Otra marca de su espiritualidad la puedo ver en el rico tesoro que nos ha heredado: su colección de salmos. Según los estudiosos, del salterio (que consta de 150 salmos), 63 fueron escritos por David. Así, cuando leemos, oramos o cantamos el libro de Los salmos, nos conectamos íntimamente al corazón del rey David, y al corazón de Dios.

La expresión *con todo mi corazón* es una expresión típica en el libro de Los salmos; y ella nos habla de la manera en que debemos adorar y servir al Señor: «*Te alabaré, oh Jehová, con todo mi corazón; Contaré todas tus maravillas*» (Salmos 9:1); «*Esperad en él en todo tiempo, oh pueblos; Derramad delante de él vuestro corazón*» (Salmos 62:8); «*Alabaré a Jehová con todo el corazón En la compañía y congregación de los rectos*» (Salmos 111:1); «*Con todo mi corazón te he buscado; No me dejes desviarme de tus mandamientos*» (Salmos 119:10); «*Dame entendimiento, y guardaré tu ley, Y la cumpliré de todo corazón*» (Salmos 119:34); «*Tu *presencia supliqué de todo corazón; Ten misericordia de mí según tu palabra*» (Salmos 119:58); «*Mas yo guardaré de todo corazón tus mandamientos*» (Salmos 119:69); «*Te alabaré de todo corazón; Delante de los dioses te cantaré salmos*» (Salmos 138:1).

Realmente David fue un hombre bastante espiritual. Un hombre que pasaba mucho tiempo en comunión con Dios; tanto, que escribió: «*Siete veces al día te alabo A causa de tus justos juicios*» (Salmos 119:164). Y también, al leer la historia del rapto de sus mujeres y niños (tanto los suyos como los de sus hombres), mismo evento cuando sus hombres querían apedrearlo, el escritor sagrado escribe de él: «*Mas David se fortaleció en Jehová su Dios*» (1 Samuel 30:6). Esto nos habla de la profunda vida espiritual que David mantenía.

La vida de David fue una vida extraordinaria; sin embargo, el secreto de su liderazgo estuvo fundamentado en una gran entrega al Señor. Su liderazgo no solo fue político y militar, sino también, un liderazgo espiritual. Quizá únicamente los casos de Ezequías y de Josías son comparables al reinado de David, quien supo realmente llevar al pueblo a una comunión sincera con Jehová Dios de los ejércitos, el Dios de Israel.

Las dificultades del liderazgo de David

Con todo y que Dios tuvo un plan grandioso para la vida de David, que estableció con él un pacto perpetuo, y que fue un hombre digno de imitarse en muchos sentidos, no podemos pasar por alto que también cometió algunos errores trágicos durante el tiempo de su reinado.

No es mi meta señalar, ni mucho menos juzgar la vida de David, pues todos estamos expuestos a cometer errores en la vida, y aun en el ministerio. No obstante, sí podemos aprender de estas facetas oscuras. Podemos entender que en el liderazgo no todo es éxitos y no todo son victorias y grandes celebraciones. Existen ocasiones en la vida en donde no tenemos nada que celebrar. Puedo mencionar cuatro errores en los que David estuvo involucrado; errores que provocaron consecuencias nefastas para su reinado, familia y liderazgo. El primero tuvo lugar cuando hizo un censo sin que Dios se lo pidiera; cosa que implicó una violación del mandato del Señor (2 Samuel 24:10-17). El segundo consistió en la relación ilícita que sostuvo con Betsabé; el tercero lo cometió debido al segundo pecado mencionado, cuando ordena el asesinato del esposo de Betsabé, Urías heteo (2 Samuel 11:2-17); y el cuarto se refiere a las faltas cometidas por David en la educación y corrección de la conducta de sus hijos.

Los pecados que David cometió están registrados en la Biblia para servirnos de advertencia. Ahora, luego del sacrificio perfecto de Cristo, de su gloriosa resurrección y ascensión al cielo; y del envío del Espíritu Santo, cada cristiano que vive por fe tiene de Dios la garantía de una vida de victoria. Sin embargo, es responsabilidad de cada creyente echar mano de los beneficios del calvario y de la llenura del Espíritu Santo. Dios nos ordena a despojarnos [diariamente] del viejo hombre (Efesios 4:22); pues Pablo dice: «*Os aseguro, hermanos... que cada día muero*» (1 Corintios 15:31).

Conclusiones:

La gente que Dios busca y escoge como instrumentos provienen de todo tipo de trasfondo social, cultural, económico y familiar. Dios vio en David lo que en otros no vio: su corazón. Un corazón sincero, totalmente entregado a Él.

Así, el Todopoderoso puso en David un gran potencial para liderar y reinar. David fue un hombre ungido por Dios, pero menospreciado por sus propios hermanos; no obstante, el joven pastor y salmista saltó del anonimato, y venció mediante su fe al gigante Goliat. A continuación, resumiré algunas lecciones aprendidas en este capítulo:

1. El liderazgo generacional opera en su máxima expresión cuando se desempeña en función del servicio.

2. El liderazgo no es cosa de subir o saltar de inmediato a niveles de poder y autoridad, se tiene que pasar por un proceso.
3. En el proceso del liderazgo podríamos ser desechados o despreciados aun hasta por nuestros propios familiares y amistades más íntimas.
4. Nada en esta vida nos pasa por simple casualidad, en todo Dios tiene un propósito, incluso la oposición puede ser parte del propósito de Dios para escalar a la cima.
5. La espiritualidad de David es representada en su vida de oración y adoración. Esa vida de entrega le mantuvo a flote y en conexión con Dios.

9 LÍDERES DE LA GENERACIÓN DE PRISCILA Y AQUILA

«Saludad a Priscila y a Aquila, mis colaboradores en Cristo Jesús, que expusieron su vida por mí; a los cuales no solo yo doy gracias, sino también todas las iglesias de los gentiles».
—Romanos 13:3

«Mejores son dos que uno; porque tienen mejor paga de su trabajo».
—Eclesiastés 4:9

Introducción

En los escritos del Nuevo Testamento el matrimonio conformado por Priscila y Aquila se menciona en cuatro ocasiones. Esta pareja era tan unida y hacían un equipo tan bien conformado, que en ninguna ocasión en las Escrituras sus nombres son mencionados separadamente. La solidez de este matrimonio los hace inseparables el uno del otro; y ministerialmente funcionaban como uno solo también; por tanto, ambos son un modelo de liderazgo referente para nuestros días.

En este capítulo no entraré en detalles exegéticos tales como por qué el nombre de la esposa se menciona primero que el del esposo (pasando por alto las costumbres y patrones sociales que gobernaban en aquellos tiempos). Tampoco haré mención del marco histórico del que se hace referencia (del emperador Claudio, etc.) y del por qué los judíos fueron expulsados de la capital del Imperio romano. Más bien, mi objetivo aquí es resaltar otro tipo de perspectiva, una perspectiva que encaja con los temas que se tratan en este libro.

La conversión de Priscila y Aquila

La primera referencia bíblica a Priscila y Aquila se encuentra en el libro de los Hechos. Ahí Lucas describe el momento cuando esta pareja se conecta con Pablo, y lo dice con las siguientes palabras: *«Después de estas cosas, Pablo salió de Atenas y fue a Corinto. Y halló a un judío llamado Aquila, natural del Ponto, recién venido de Italia con Priscila su mujer, por cuanto Claudio había mandado que todos los judíos saliesen de Roma. Fue a ellos, y como era del mismo oficio, se quedó con ellos, y trabajaban juntos, pues el oficio de ellos era hacer tiendas»* (Hechos 18:1-3).

Pablo conoció a esta pareja por la soberana voluntad de Dios en la ciudad portuaria de Corinto, en su segundo viaje misionero. De allí en adelante esta pareja queda estrechamente ligada al ministerio paulino. Lucas no dice nada sobre el estado espiritual de esta pareja, ni si ellos eran una pareja de convertidos o no. Si acaso no hubiesen sido convertidos cuando se encontraron con Pablo, seguramente el apóstol les habló del Señor —aprovechando el oficio que ellos y él tenían en común— y ellos abrieron sus corazones para ser salvos.

Lo más precioso de esta narración es que Dios tiene sus planes y Él pone los medios para reunir a las personas que habrán de hacer equipo en su reino. La conexión que Pablo tuvo con esta pareja no fue algo accidental, ¡fue un encuentro divino! El Señor, quien conoce los corazones, vio en esta pareja grandes cualidades ministeriales, y Pablo, quien tenía el don de discernimiento, lo entendió de inmediato.

Sea cual fuese el caso de cuándo, cómo y cuál fue la situación presente en la conversión de esta pareja, se puede inferir que ellos vinieron al Señor juntos. Estaban unidos, no solo en una sola carne, sino también en un solo espíritu: estaban de acuerdo en servir al Señor de todo corazón, haciéndolo como un poderoso equipo para Él.

En las Escrituras se mencionan pocas parejas que tuviesen una unidad de propósito tan fuerte como la que tuvieron la pareja conformada por Priscila y Aquila; y este es, por supuesto, un gran ejemplo para todos los que estamos unidos en matrimonio. Nuestro matrimonio cristiano debe buscar a toda costa tal ejemplo de unidad.

Un liderazgo en equipo

El hecho de que Dios permitiera el encuentro de esta pareja con Pablo me hace meditar sobre el gran principio divino de la conexión: el Señor conecta personas para el establecimiento de su reino. Este principio de liderazgo y de la formación de equipos es fortalecido por lo que dice el Dr. Gibbs: «El liderazgo no es controlar, sino conectar... El ministerio basado en equipos permite tomar fuerzas unos de los otros y contribuir al bien común a partir de los dones otorgados por Dios y [de] la experiencia de la vida».[43]

La definición común de equipo es esta: «Un equipo es un grupo de seres humanos que se reúnen y trabajan en conjunto para alcanzar una meta en común».[44] El reino de Dios jamás podría avanzar sino existe un espíritu de equipo. En un equipo existe un objetivo común y el éxito exige coordinación y cumplimiento de responsabilidades. En un equipo cada uno hace su parte y contribuye conjuntamente para alcanzar una meta planteada.

---

[43] Gibbs, 119.
[44] Definición.De https://definicion.de/equipo/

La familia misma está conformada por un equipo; ahí cada uno de los miembros, especialmente los padres, deben cumplir con su responsabilidad para hacer de esa familia una familia fuerte en todo sentido. Dios es un Dios que trabaja con equipos. Aunque de pronto se observen en la Biblia algunos nombres que parecen solitarios, existieron con ellos personas con las que estuvieron de un modo u otro contactados. Asimismo, la iglesia de Dios en la tierra no puede funcionar sino existe en cada uno de los miembros un espíritu de cooperación y una fuerte disponibilidad para hacer equipo. En el equipo existe un liderazgo que es necesario obedecer y respetar, y eso es parte esencial del éxito también.

Priscila y Aquila hacen equipo con Pablo

Priscila y Aquila se mencionan por segunda vez en el mismo capítulo en el momento en que Pablo está zarpando de la ciudad de Corinto: «*Mas Pablo, habiéndose detenido aún muchos días allí, después se despidió de los hermanos y navegó a Siria, y con él Priscila y Aquila, habiéndose rapado la cabeza en Cencrea, porque tenían hecho voto. Y llegó a Éfeso, y los dejó allí; y entrando en la sinagoga, discutía con los judíos*» (Hechos 18:18-19).

Es sumamente importante —como lo mencioné anteriormente— el trabajo en equipo, el trabajo compartido. Embarcándose, ahora estas tres personas formaron un equipo; pero más que eso, los tres formaron un ministerio que tenía una misión que cumplir. En relación con esto, el autor David Guzik, en su comentario electrónico, comenta lo siguiente: «Aquila y Priscila se quedaron en Éfeso, aparentemente a pedido de Pablo. Algo bueno había empezado en Éfeso, y Pablo quería que el trabajo continuara por medio de sus amigos de confianza».[45]

---

[45] David Guzik, *The Enduring Word Comentario bíblico en español de David Guzik* https://es.enduringword.com/comentario-biblico/hechos-18/ (accesado 7/19/2022).

Priscila y Aquila supieron asumir su posición en el equipo: ellos estaban bajo el ministerio de Pablo, y harían lo que él les indicara. Ellos no se independizaron de Pablo, ni emprendieron un ministerio fuera de su liderazgo; más bien, Priscila y Aquila supieron estar bajo autoridad, y Dios bendijo su ministerio debido a eso. En Éfeso había surgido una necesidad espiritual, y Pablo vio en esta pareja los candidatos perfectos. Priscila y Aquila se habían convertido en colaboradores de Pablo.

Un ministerio de enseñanza y dirección espiritual (entrenamiento)

La tercera vez que este matrimonio es mencionado en las Escrituras es en Hechos 18:24-26; ahí dice: «*Llegó entonces a Éfeso un judío llamado Apolos, natural de Alejandría, varón elocuente, poderoso en las Escrituras. Este había sido instruido en el camino del Señor; y siendo de espíritu fervoroso, hablaba y enseñaba diligentemente lo concerniente al Señor, aunque solamente conocía el bautismo de Juan. Y comenzó a hablar con denuedo en la sinagoga; pero cuando le oyeron Priscila y Aquila, le tomaron aparte y le expusieron más exactamente el camino de Dios*». Aquí nuevamente los amigos y seguidores de Pablo asumen un rol bastante clave en el reino de Dios: el ministerio de la enseñanza.

Priscila y Aquila habían aprendido de Pablo la doctrina correcta del evangelio. Ellos tenían el conocimiento y la capacidad otorgada por Dios para *perfeccionar a los santos para la obra del ministerio* (Efesios 4:12). Así, en este pasaje los vemos ejerciendo el ministerio de consejería e instrucción cristiana.

Tal y como Priscila y Aquila tomaron aparte a Apolos, para brindarle la instrucción que él necesitaba, así también los siervos de Dios hoy deben tomar aparte a otros cristianos para brindarles la instrucción doctrinal que ellos necesitan, sin importar de quien se trate. Apolos era un hombre versado en las Escrituras (v. 24), tanto, que la Biblia utiliza la palabra *poderoso* «gr. *dynatos*»; inclusive, dice también que era hombre *instruido en el camino del Señor.* No obstante, él necesitaba instrucción doctrinal, pues únicamente conocía el bautismo de Juan. Fue así como esta pareja, quienes habían recibido su educación cristiana directamente de Pablo, tenían la capacidad para instruir a Apolos respecto a aquellos puntos en los que a este varón de Dios le faltaba conocimiento; por tanto, lo tomaron aparte y le *expusieron más exactamente el camino de Dios.* Respecto a esto Ruth Hoppin dice: «Aquila y Priscila podían predicar y enseñar no importando quienes eran. Habilidad y carisma fueron los únicos requisitos».[46]

Su labor de seguimiento

La cuarta y última mención de este matrimonio la encontramos en la epístola a los Romanos: «*Saludad a Priscila y a Aquila, mis colaboradores en Cristo Jesús, que expusieron su vida por mí; a los cuales no solo yo doy gracias, sino también todas las iglesias de los gentiles. Saludad también a la iglesia de su casa*» (Romanos 16:3-5)». Hasta aquí he resaltado varios aspectos importantes aplicados a esta pareja: el matrimonial, el ministerial (aplicados al liderazgo generacional); su conexión con Pablo, su trabajo en equipo con él, y su habilidad para proveer entrenamiento. Ahora estaré abordando brevemente otro aspecto en la vida y ministerio de Priscila y Aquila. A este aspecto le llamare *el seguimiento.*

En esta ocasión Pablo está escribiendo a los romanos; y cuando está por terminar la carta, en la sección de los saludos, vuelve a mencionar a Priscila y Aquila. Ahora los ubica en la capital del Imperio romano, y los destaca como sus colaboradores en Cristo; sin embargo, además, en lo que escribe, podemos notar el entrañable amor que el apóstol tiene por ellos. Pablo menciona algo interesante en este gran saludo de seguimiento en referencia

---

[46] Ruth Hoppin, *La Carta de Priscila* (Fort Bragg, NC: Lost Cost Press, 2009), 132.

a Priscila y Aquila, el añade: «*La iglesia que está en su casa*» (v.5). Esta pareja ha continuado su ministerio, y para el momento en que Pablo está escribiendo, ellos han abierto un centro de adoración al Dios vivo en su propia casa. Ellos se han convertido en anfitriones y líderes a cargo de una congregación; Dios ha prosperado este matrimonio, quien ha logrado consolidar un ministerio poderoso. Así, Pablo, al escribirles, les da palabras de ánimo y encomia su labor.

En líneas atrás Pablo mismo había escrito: «*Al que respeto, respeto; al que honra, honra*» (Romanos 13:7). Así es que ahora está siendo congruente con lo que ha escrito: él honra a sus colaboradores, y en esa lista incluye a Priscila y Aquila. Tarde que temprano, toda persona que trabaja con ahínco en la obra de Dios será reconocida. Y si acaso su reconocimiento no fuese en esta tierra, Jesucristo mismo tendrá para él o ella palabras de encomio delante de su Padre.

Todavía, Priscila y Aquila estaban juntos y se les encontraba trabajando por el reino de Dios. ¡Qué ejemplo para todas las parejas de siervos de Dios de todos los tiempos!

Un paradigma de liderazgo

Hasta ahora, en los capítulos anteriores, habíamos estado analizando el liderazgo de individuos. Normalmente, cuando se habla de liderazgo, es común referirse a una sola persona. No obstante, en este capítulo estuvimos viendo un nuevo tipo de liderazgo: un liderazgo formado por dos personas, un matrimonio.

Y es que la palabra de Dios dice: «*Así que no son ya más dos, sino una sola carne*» (Mateo 19:6); y en el caso de Priscila y Aquila, esta palabra se cumplió perfectamente: ellos tenían una gran unidad de pensamiento, trabajaban en equipo y hacían avanzar juntos el reino de Dios. No siempre es fácil tener este nivel de unidad, pero son bienaventurados todas aquellas parejas de siervos de Dios quienes lo alcanzan, pues la Palabra dice:

«*¿Cómo podría perseguir uno a mil, Y dos hacer huir a diez mil...?*» (Deuteronomio 32:30). Y el versículo que citamos al principio: «*Mejores son dos que uno...*».

El mismo apóstol Pablo aconseja que la soltería es mejor (1 Corintios 7); sin embargo, cuando existe un buen nivel de unidad, esta sinergia se vuelve en un equipo poderoso en contra del reino de las tinieblas.

Conviene entonces que todos los siervos de Dios que están casados oren incesantemente a Dios pidiendo ese nivel de unidad que vemos en Priscila y Aquila, pues si se logra, Dios traerá grandes frutos y resultados a nuestros ministerios y liderazgos.

Conclusiones:

Hemos visto en este capítulo el liderazgo de la generación de Priscila y Aquila, un liderazgo, que, aunque solamente es mencionado en cuatro ocasiones, de él se pueden extractar grandes lecciones. Por tanto, a continuación, mencionaré algunos puntos de realce de entre los tratados en este capítulo:

1. Es remarcable que siempre en las Escrituras los nombres de Priscila y Aquila, son mencionados juntos.
2. Dios pone los medios para que las personas que habrán de hacer equipo en su reino se reúnan. Este fue el caso de Pablo con Priscila y Aquila.
3. Priscila y Aquila no solo estaban unidos como matrimonio, sino su unidad ministerial hacía de ellos un poderoso equipo para el reino de Dios.
4. La definición de equipo es la reunión de seres humanos que trabajan en conjunto para alcanzar una meta común.
5. La iglesia de Dios en la tierra no puede funcionar sino existe, en cada uno de sus miembros, un poderoso espíritu de cooperación.
6. Priscila y Aquila supieron asumir su posición en el equipo y se mantuvieron en sumisión bajo el liderazgo de Pablo.

7. La pareja de Priscila y Aquila desarrollaron un ministerio de educación cristiana, y educaron a personas tan importantes como lo fue Apolos.
8. Asimismo, el liderazgo de Pablo tiene un vislumbre aquí: Él no desamparó a sus colaboradores sino, más bien, les dio seguimiento.
9. El liderazgo de Priscila y Aquila representa hoy un paradigma del liderazgo generacional en equipo, el liderazgo de un matrimonio.

10 LÍDERES GENERACIÓN DE JEFTÉ

«Entonces Jefté vino con los ancianos de Galaad, y el pueblo lo eligió por su caudillo y jefe; y Jefté habló todas sus palabras delante de Jehová en Mizpa».

—Jueces 11:11

«Dios te encontrará dónde estás para llevarte a donde él quiere que vayas».

—Tony Evans

Introducción

Para Dios no es importante de donde procedemos o cuáles son nuestros antecedentes personales, familiares o académicos; tampoco lo que hayamos hecho en el pasado es algo que Dios ve para considerar si habrá de ayudarnos o no. Él nos toma tal y como somos, y nos saca de donde estamos (aunque estemos en el fango), y utiliza nuestra vida para cumplir su propósito, el propósito que Él tiene establecido de antemano. En el libro de

Jeremías 29:11 leemos: «*Porque yo sé los pensamientos que tengo acerca de vosotros, dice Jehová, pensamientos de paz, y no de mal, para daros el fin que esperáis*».

En este capítulo estaré hablando de la vida de Jefté. Jefté es un personaje muy especial en la Biblia; cuando leemos su historia, no puede quedarnos ninguna duda de que Dios es un Dios que transforma las vidas. Dios es la esperanza personal para cada habitante de la tierra, y lo único que Él desea es que le reconozcamos en nuestra vida, tal y como lo hizo Jefté.

Dios es tan poderoso para forjar un gran líder de alguien que es considerado un don nadie en la sociedad. Si alguien deposita toda su fe en Jesucristo y le sigue de todo corazón, el Señor es poderoso para hacer de él o ella un líder a la manera de la generación de Jefté.

La causa de la falsa prosperidad

Baal era el dios favorito de los cananitas. Según sus creencias, ser aceptos y agradables delante del dios Baal garantizaba para ellos que la tierra fuese fértil y fructífera; en otras palabras, los cananitas pensaban que serían prósperos y sus cosechas serían abundantes si servían diligentemente a ese dios falso. Muy pronto Israel fue seducido por este culto y por esta creencia errónea; solamente que ellos nunca pudieron medir el costo que por esta falsa adoración tendrían que pagar.

El Diccionario bíblico ilustrado comenta lo siguiente al respecto: «Al entrar en la tierra, indudablemente los israelitas hallaron templos, arboledas, altares, y lugares altos consagrados a Baal; [en ellos] se ofrecía incienso y ofrendas, y ... se sacrificaban niños; [asimismo para el] servicio [a Baal] se requería una gran cantidad de sacerdotes (Números 22:41; 1 Reyes 18:22; Jeremías 11:13; 19:5; 32:29)».[47] El culto y la adoración a Baal estaban en total oposición al verdadero y único Dios; por tanto, esta adoración

---

[47] Editorial Clie, *Diccionario Bíblico Ilustrado* (Terrasa: Editorial Clie, 1985), 94-95.

vana resultó exactamente en lo opuesto a lo que los israelitas esperaban: el pueblo fue maldecido.

En Deuteronomio 28:15-68 podemos leer las advertencias de Dios en relación a la desobediencia. Son maldiciones terribles que serían derramadas sobre todo aquel que fuera infiel a Dios. Y añade: *«No sea que haya entre vosotros hombre o mujer... cuyo corazón se aparte hoy de Jehová nuestro Dios, para ir a servir a los dioses de estas naciones... y suceda que al oír las palabras de esta maldición, él se bendiga en su corazón, diciendo: Tendré paz, aunque ande en la dureza de mi corazón... No querrá Jehová perdonarlo... y se asentará sobre él toda la maldición escrita en este libro, y Jehová borrará su nombre de debajo del cielo»* (Deuteronomio 29:18-20).

Ciertamente Israel no encontró prosperidad sirviendo a Baal, sino que Dios fue fiel a lo que Él había dicho, e Israel recibió el castigo prescrito debido a su infidelidad. Y todo esto quedó registrado en la Biblia para todas las generaciones venideras como una tremenda advertencia; como lo dice Pablo: *«Más estas cosas sucedieron como ejemplos para nosotros»* (1 Corintios 10:6). La prosperidad no será producto de la misericordia de Dios, sino de la obediencia. Nos dice la Biblia: *«Por la misericordia de Jehová no hemos sido consumidos...»* (Lamentaciones 3:22); por tanto, Dios, en su paciencia y en su bondad nos da tiempo para arrepentirnos y nos provee mientras tanto la bendición que da a todos, buenos y malos (Mateo 5:45); pero la verdadera prosperidad está reservada para los que obedecen a su Palabra.

La causa de la derrota: la idolatría

Para entender los hechos presentes en la historia de Jefté primero tenemos que ubicarnos en el contexto del capítulo diez del libro de Jueces. La causa y la condición de la derrota del pueblo de Israel es debido al pecado de idolatría: ellos se habían prostituido sirviendo a dioses ajenos. De esto, el escritor sagrado dice: *«Pero los hijos de Israel volvieron a hacer lo malo ante los ojos de Jehová, y sirvieron a los baales y a Astarot, a los dioses de Siria, a los dioses de Sidón, a los dioses de Moab, a los dioses de los hijos de Amón y a los dioses de los filisteos; y dejaron a Jehová, y no le sirvieron. Y se encendió la ira de Jehová contra Israel, y los entregó en mano de los filisteos, y en mano de los hijos de Amón; los cuales oprimieron y quebrantaron a los hijos de Israel en aquel tiempo dieciocho años, a todos los hijos de Israel que estaban al otro lado del Jordán en la tierra del amorreo, que está en Galaad. Y los hijos de Amón pasaron el Jordán para hacer también guerra contra Judá y contra Benjamín y la casa de Efraín, y fue afligido Israel en gran manera. Entonces los hijos de Israel clamaron a Jehová, diciendo: Nosotros hemos pecado contra ti; porque hemos dejado a nuestro Dios, y servido a los baales»* (Jueces 10:6-10).

Ante la opresión del yugo enemigo, Israel clamó con desesperación, rogando por la intervención y la ayuda del Señor. Pero clamar a Dios no fue todo lo que ellos hicieron; ellos reconocieron que habían dejado al Dios verdadero para seguir a los dioses extraños, y reconocieron su grave pecado delante de Él. Asimismo, al mismo tiempo, Israel mostró evidencias de un verdadero arrepentimiento: «*Y quitaron de entre sí los dioses ajenos, y sirvieron a Jehová; y él fue angustiado a causa de la aflicción de Israel*» (Jueces 10:16). Fue así que el Señor vio el quebrantamiento de los corazones de su pueblo y procedió a prestarles ayuda.

¿Quién nos salvara?

«*Y los príncipes y el pueblo de Galaad dijeron el uno al otro: ¿Quién comenzará la batalla contra los hijos de Amón? Será caudillo sobre todos los que habitan en Galaad*» (Jueces 10:18).

Al encontrarse en gran angustia, los ancianos de Galaad imploraron la ayuda de aquel valeroso hombre (Jueces 11:1) quien tiempo atrás habían despreciado y expulsado de su propia familia. Jefté había tenido que desterrarse a la tierra de Tob, en donde se le reunió una banda de hombres ociosos (v.3). Su petición, en las palabras de los ancianos, fue la siguiente: «*Y los ancianos de Galaad respondieron a Jefté: Por esta misma causa volvemos ahora a ti, para que vengas con nosotros y pelees contra los hijos de Amón, y seas caudillo de todos los que moramos en Galaad*» (Jueces 11:8).

En el concepto del mundo, el líder es quien tiene una trayectoria de éxito y un currículum intachable; sin embargo, para Dios eso no es lo importante. Jefté tuvo en su hoja de vida el haber sido expulsado de su propia tierra. Quien no conozca las verdaderas razones por las que fue expulsado, podría juzgar mal a Jefté y condenarle (como sucede con muchos de los que hoy han sido rechazados y expulsados); sin embargo, Dios, quien sabe todas las cosas y ve la injusticia, hará maravillas con aquellos que Él ha elegido para mostrar su gloria.

En la ley decía: «*No entrará bastardo en la congregación de Jehová; ni hasta la décima generación no entrará en la congregación de Jehová*» (Deuteronomio 23:2). Quizá, basados en esta Escritura, los galaaditas habían apoyado a los hermanos de Jefté para facilitar su expulsión. Sin embargo, eran como aquellos a los que se refiere Jesús cuando dice: «*¿Y por qué miras la paja que está en el ojo de tu hermano, y no echas de ver la viga que está en tu propio ojo?*» (Mateo 7:3). Los galaaditas se habían prostituido con dioses falsos y habían cometido hechos abominables delante de Dios, y querían mostrase ahora muy estrictos con uno que no había tenido la culpa de haber nacido como un hijo ilegítimo. Con todo, los hermanos de Jefté habían aprovechado la condición de su hermano para echarle fuera y él había tenido que huir.

Jefté, el valiente guerrero hijo de una ramera

«*Jefté galaadita era esforzado y valeroso; era hijo de una mujer ramera, y el padre de Jefté era Galaad*» (Jueces 11:11).

Me llama mucho la atención el trasfondo del liderazgo generacional de Jefté. El nombre Jefté, en hebreo, significa «el que abre»; y según el relato bíblico, este hombre poseía características notables: era un varón esforzado y valiente. Sin embargo, al mismo tiempo, tenía un trasfondo familiar de poca moral, pues dice el texto que fue hijo de una mujer ramera, por tanto, de un linaje ilegítimo. De ahí el rechazo y la expulsión del círculo familiar de sus medios hermanos. Por cierto, las razones más importantes eran razones económicas (v.2).

Jefté presentaba características de líder, pues en su destierro le había seguido una banda de hombres ociosos, de los cuales no se nos da mayor información, pero es muy posible que hayan sido hombres que estaban bajo la misma condición de destierro que él. Su perfil como hijo de una ramera era un estigma social importante, y esto pudo haberle provocado sentimientos de inferioridad, de amargura o de vergüenza; sin embargo, las Escrituras no nos dan detalles al respecto; si acaso esto fuese así (como pudo haber sido) el Señor trató con su corazón y le dio una fuerza y seguridad tales, que era en ese entonces el hombre más apto de Israel para hacer frente a sus enemigos y acaudillar con éxito la guerra.

Al estar de acuerdo en ayudar a sus hermanos —los que antes le habían despreciado—, Jefté nos dice mucho acerca de su corazón, pues, aunque refiere a ellos lo que le habían hecho, aceptó ser su líder y defenderlos de la opresión del enemigo. Jefté había sido capaz de echar de su corazón todo resentimiento y rencor, y estuvo dispuesto no solo a perdonarlos sino también a ayudarlos en su gran necesidad. Jefté se había tomado de la mano de Dios. De esto se puede extraer una gran enseñanza para todos los líderes generacionales de hoy: como líderes, no podemos ministrar o servir a Dios arrastrando amargura en el corazón o manteniendo un espíritu no perdonador.

La derrota del enemigo

«Y el Espíritu de Jehová vino sobre Jefté; y pasó por Galaad y Manasés, y de allí pasó a Mizpa de Galaad, y de Mizpa de Galaad pasó a los hijos de Amón» (Jueces 11:29).

En el versículo veintinueve encuentro la clave y la fuente de poder de este valeroso guerrero israelita: «... *el Espíritu de Jehová vino sobre Jefté...*». Sin duda alguna fue debido al empoderamiento del Espíritu Santo que Jefté tuvo las capacidades y las facultades extraordinarias que él necesitaba para derrotar al enemigo. De la misma manera, nosotros, como líderes generacionales, necesitamos esta llenura del Espíritu para deponer nuestros temores, avanzar con fuerza y derrotar a nuestros enemigos espirituales. El salmista nos anima con estas palabras: «*Irán de poder en poder*» (Salmos 84:7). Tan solo estando empoderados con el Espíritu es que seremos capaces de ir de poder en poder, y de victoria en victoria. «*Y fue Jefté hacia los hijos de Amón para pelear contra ellos; y Jehová los entregó en su mano. Y desde Aroer hasta llegar a Minit, veinte ciudades, y hasta la vega de las viñas, los derrotó con muy grande estrago. Así fueron sometidos los amonitas por los hijos de Israel*» (Jueces 11:32-33).

Algo muy parecido al caso de Jefté lo vemos en el libro de los Hechos. Dios empoderó a los discípulos de Cristo para la evangelización del mundo; y ellos, mediante este poder, fueron capaces —en tan solo varias décadas—, de alcanzar a todo el mundo de su tiempo. Ellos no tenían ninguno de los medios modernos de comunicación que nosotros ahora tenemos, pero tenían lo más importante: el poder de Dios. No son los recursos económicos ni los talentos ni la tecnología lo que nos harán cumplir con nuestra misión y derrotar para Cristo a nuestros enemigos; es el poder de Dios lo que lo hará. El mundo necesita conocer el poder de Dios. El mundo necesita que los líderes generación Jefté salgan con furia en contra de las fuerzas del mal para derrotarlas en el poderoso nombre de Jesús.

Un voto a la ligera

«Y Jefté hizo voto a Jehová, diciendo: Si entregares a los amonitas en mis manos, cualquiera que saliere de las puertas de mi casa a

recibirme, cuando regrese victorioso de los amonitas, será de Jehová, y lo ofreceré en holocausto» (Jueces 11:30-31).

Llegamos a un pasaje muy controversial. Es un pasaje que ha llevado a varios teólogos a escribir extensos y rebuscados comentarios con el afán de dar al pasaje una explicación satisfactoria y coherente con el resto de las Escrituras. Sin embargo, independientemente de todas esas explicaciones, de una cosa estamos seguros: que todos estamos expuestos a cometer errores y a fracasar, y esto no excluye a los líderes. Como observamos en el pasaje, Jefté claramente cometió un error, pues Dios no le estaba pidiendo nada, y si hacía o no un voto, el resultado en la batalla sería el mismo: la victoria era por gracia, y no debido a ninguna obra que Jefté tuviera que hacer. Por otro lado, no se sabe con exactitud en qué consistía el sacrificio que Jefté prometió a Dios.

Luego, para nuestra gran sorpresa, quien salió a recibir a Jefté —cuando regresaba a casa, habiendo derrotado al enemigo— fue su propia hija, su única hija. Pronto, todo el gozo de la victoria se transformó en un caos. La alegría y la danza de la joven doncella se tornó en llanto y lamento. *El comentario bíblico contemporáneo* comenta al respecto: «Dios está con Jefté, pero Jefté no es el mejor teólogo. Como en [el caso de] otros jueces, en Jefté se conjugan la presencia de Dios (quien da la victoria) con acciones humanas que empañan la historia. Necesitamos ojos para ver ambas cosas. Con todo, Jefté es recordado en el NT como un héroe de la fe al lado de Samuel y los profetas».[48]

Conclusiones:
1. De esta parte de la historia de los Jueces aprendemos que Dios es quien escoge al líder que Él desea para llevar a cabo sus planes.

---

[48] C. René Padilla. Editor General, *Comentario Bíblico Contemporáneo. Estudio de toda la Biblia desde América Latina* (Buenos Aires: Ediciones Kairos y Certeza unida, 2019), 340. (Autor Milton Acosta Benítez).

2. Que Dios determina el tiempo del gobierno del líder, en este caso fue poco comparado con otros jueces; la Escritura señala que Jefté juzgó a Israel solo seis años: «*Y Jefté juzgó a Israel seis años; y murió Jefté galaadita, y fue sepultado en una de las ciudades de Galaad*» (Jueces 12:7).
3. Otra de las grandes lecciones que aprendemos aquí es que Dios dio la victoria al líder y a su pueblo debido a que ellos reconocieron sus pecados y errores, y fueron capaces de arrepentirse clamando a Dios por su auxilio.
4. Que en el líder hay una coyuntura de la parte humana y la divina, pero que Dios nos da el libre albedrío para tomar decisiones.

11 LÍDERES GENERACIÓN DE JOSÍAS

«Cuando Josías comenzó a reinar era de ocho años, y reinó en Jerusalén treinta y un años. El nombre de su madre fue Jedida hija de Adaía, de Boscat. E hizo lo recto ante los ojos de Jehová, y anduvo en todo el camino de David su padre, sin apartarse a derecha ni a izquierda».

—2 Reyes 22:1-2

«Toda persona debe decidir una vez en su vida si se lanza a triunfar, arriesgándolo todo, o si se sienta a ver el paso de los triunfadores».

—Tomás Alba Édison

Introducción

Muchas veces nos hacemos una pregunta: ¿Cómo puede Dios crear un avivamiento cuando existe un profundo decaimiento espiritual en un pueblo o en una nación? Este era el caso de la nación de Judá. Como solución a eso, Dios preparó y envió a un niño llamado Josías, el cual, lejos de seguir los pasos de su padre Amón, se dedicó a servir al Dios vivo. Del reinado de Amón, el escritor sagrado registra lo siguiente: *«De veintidós años era Amón cuando comenzó a reinar, y reinó dos años en Jerusalén. El nombre de su madre fue Mesulemet hija de Haruz, de Jotba. E hizo lo malo ante los ojos de Jehová, como había hecho Manasés su padre. Y anduvo en todos los caminos en que su padre anduvo, y sirvió a los ídolos a los cuales había servido su padre, y los adoró; y dejó a Jehová el Dios de sus padres, y no anduvo en el camino de Jehová»* (2 Reyes 21:19-22).

No obstante, a pesar de los malos caminos de su padre, Josías quedó en los registros históricos de los reyes de Judá como un monarca intachable, como un agente de cambio espiritual para el pueblo que estuvo bajo su autoridad. Josías fue capaz de dejar un legado de transformación debido a ciertos hechos significativos, los cuales dieron como resultado un avivamiento poderoso en la tierra de Judá y Benjamín.

Josías podría haberse conformado con los caminos de placeres vanos y de vida licenciosa seguidos por su padre. Sin embargo, Josías, desde su niñez, tomó una decisión muy importante: vivir en obediencia a Dios. Él tomó como modelo de vida la santidad que había mostrado David en los días de su juventud, y luchó por vivir cerca de los atrios de Jehová y adherirse con toda su alma a la ley del Señor. Josías estuvo determinado a que la historia de su vida no fuese escrita con las mismas palabras con las que había sido escrita la vida de su padre, y se propuso a ser el mejor rey que hubiese tenido Judá desde los tiempos del rey David, y lo logró (2 Reyes 23:25).[49]

Josías un rey sin igual

El portal cibernético del Keiser Permanente describe los múltiples rasgos de conducta y desarrollo sensorial y motor de los niños de

---

[49] Nota del editor: en 2 Reyes 18:5-6 se hace una nota similar respecto al rey Ezequías. Esto no quiere decir que existe una contradicción, sino que simplemente, delante del Señor, ambos reyes fueron tan excelentes como el mismo David.

ocho años de la siguiente manera: «La mayor parte del tiempo tienen una perspectiva en blanco y negro de las cosas. Las cosas son fantásticas u horribles, feas o hermosas, buenas o malas. Se concentran en un aspecto o una idea a la vez, lo cual hace difícil que entiendan asuntos complejos».[50]

Esto nos hace meditar en los designios de nuestro gran Dios, el cual tiene planes y pensamientos muy diferentes a los nuestros. El texto dice: «*Cuando Josías comenzó a reinar era de ocho años*» (2 Reyes 22:1) Nosotros podríamos imaginar a un niño de esa edad estudiando y jugando con sus amigos; pero Dios tenía planes muy distintos para Josías: Él quiso que fuera —desde esa edad tan temprana— rey y líder de toda una nación.

La clave de la grandeza de Josías —aun siendo tan joven— la encontramos en 2 Crónicas 34:3, en donde leemos: «*A los ocho años de su reinado, siendo aun muchacho, comenzó a buscar al Dios de David su padre*». La gran mayoría de nosotros jamás admitiría un niño como líder; decimos que se necesita adquirir experiencia y suficiente conocimiento; sin embargo, cuando una persona —sea de la edad que sea— se dedica a buscar a Dios de todo corazón, el Señor hará con él o ella grandes cosas. Resulta entonces que delante del Señor no hay edades ni ninguno de los prejuicios que los seres humanos solemos tener; para Dios no hay paradigmas ni estigmas determinantes ni acepción de personas: todo aquel que le busca le encontrará, y Él mostrará su poder y gloria. Pedro lo expresó de esta manera: «*En verdad comprendo que Dios no hace acepción de personas, sino que en toda nación se agrada del que le teme y hace justicia*» (Hechos 10:34-35).

---

[50] Kaiser Permanente. "Etapas del desarrollo para niños de 8 años". https://espanol.kaiserpermanente.org/es/health-wellness/health-encyclopedia/he.etapas-del-desarrollo-para-ni%C3%B1os-de-8-a%C3%B1os.ue5720 (accesado 8/8/2022).

El descubrimiento del libro de la ley

«Asimismo el escriba Safán declaró al rey: El sacerdote Hilcías me ha dado un libro. Y Safán lo leyó delante del rey. Cuando el rey escuchó las palabras del libro de la Ley, rasgó sus vestidos» (2 Reyes 22:10-11).

Josías inició la reconstrucción del templo; y en el proceso, sus funcionarios encontraron el libro de la ley de Dios; este fue mostrado y leído al rey, y como consecuencia de la lectura de dicho libro, el rey tuvo una reacción de índole espiritual sorprendente. La Escritura describe el suceso con las siguientes palabras: «... *rasgando sus vestiduras*...» (v.11). El portal cibernético definiciones-De.com define el concepto *rasgar las vestiduras* del modo siguiente: «Rasgarse las vestiduras es una antigua tradición entre los judíos, y se asocia con el luto, el dolor y la pérdida».[51]

Sin lugar a dudas este líder fue afectado hasta las entrañas al escuchar en la ley de Dios la razón por la que él y su pueblo habían estado pasando por tan terribles calamidades. Supo entonces que el pueblo estaba en pecado y en desobediencia, y que aún le estaba reservado un terrible juicio de parte del Señor. Josías, al rasgar sus vestiduras reales, denota con ello una profunda pena y dolor producto de un genuino arrepentimiento. Este fue el inicio de muchos cambios posteriores que tendrían como objetivo que el pueblo se volviera al Dios verdadero.

El líder generacional busca el rostro de Dios y escudriña las Escrituras a fin de conocer qué es lo que Dios demanda de los suyos. Está atento a la condición espiritual del pueblo y no echa en saco roto las advertencias de Dios. El líder generacional toma muy seriamente las palabras de Dios escritas en la Biblia; pide perdón en representación del pueblo, y ora por su restauración espiritual.

---

[51] Definiciones-de.com. Definición de rasgas las vestiduras. https://www.definiciones-de.com/Definicion/de/rasgar_las_vestiduras.php (accesado 8/8/22).

Al darse cuenta del pecado que existe entre los hijos de Dios, su reacción es de tristeza y dolor; busca entonces, con un espíritu de mansedumbre, restaurar a los que se han desviado de los caminos rectos del Señor (Gálatas 6:1-2).

Lo que provoca el libro en el rey Josías

La reacción inmediata del rey es impactante. Más adelante, en el mismo capítulo, el escritor sagrado nos narra que el corazón del rey se enterneció (v. 19), se humilló delante de Jehová, rasgó sus vestidos y lloró en su presencia, pero además, Josías urge a la confirmación profética del mensaje contenido en el libro de la ley: *«Id y preguntad a Jehová por mí, y por el pueblo, y por todo Judá, acerca de las palabras de este libro que se ha hallado; porque grande es la ira de Jehová que se ha encendido contra nosotros, por cuanto nuestros padres no escucharon las palabras de este libro, para hacer conforme a todo lo que nos fue escrito. Entonces fueron el sacerdote Hilcías, y Ahicam, Acbor, Safán y Asaías, a la profetisa Hulda, mujer de Salum hijo de Ticva, hijo de Harhas, guarda de las vestiduras, la cual moraba en Jerusalén en la segunda parte de la ciudad, y hablaron con ella»* (2 Reyes 22:13-14).

Edesio Sánchez comenta al respecto: «El encuentro con la Palabra de Dios exige que el oyente no sea un simple oidor pasivo; es necesaria la acción y el compromiso».[52]

En este respecto existen varios niveles de comprensión de la Palabra de Dios. El nivel más bajo es el de aquel que se burla de la Palabra y no la aprecia en lo absoluto. El segundo nivel es el de aquel que tiene respeto de la Palabra, pero termina por ignorarla. El tercer nivel es el de aquel, que, al escuchar la Palabra, muestra sentimientos acordes a ella; es decir, la recibe con gozo (Mateo 13:20) o tiembla ante la Palabra de Dios (Isaías 66:5). Este último

---

[52] Padilla, *Comentario Bíblico Contemporáneo*, p. 512.

grupo muestra algo de temor a Dios, pero no logra llevar la Palabra al terreno de la obediencia; el cuarto y último nivel es el de aquel que oye la Palabra, tiembla ante ella (muestra temor de Dios) y toma acciones al respecto, es decir, se arrepiente de todo corazón (perdona, pide perdón, restituye, etc., y muestra acciones dignas de arrepentimiento, Hechos 26:20).

Este último párrafo nos hace recordar la parábola del sembrador (narrada por el Señor Jesucristo en Mateo 19:3-9). Dios desea que su Palabra tenga fruto en cada persona, es decir, que la Palabra provoque cambios poderosos y duraderos en él o ella. El líder generacional se caracteriza por tomar muy seriamente las palabras de Dios y las obedece de todo corazón.

Tres acontecimientos más componen las proezas realizadas por este gran monarca, estas fueron las que lo elevaron a la categoría de un líder generacional de impacto. Estas son mencionadas a continuación.

La renovación del pacto

Una vez que la Palabra de Dios ha tocado el corazón del líder, es necesario que él la comparta con el pueblo, es decir, con su grupo de influencia. De esta manera, tenemos por ejemplo al rey Josías, quien convoca a los ancianos de Judá y de Jerusalén para comunicar sus impresiones respecto al hallazgo del libro de la ley (2 Reyes 23:1). Así también fueron reunidos en la casa de Dios los varones de Judá, los moradores de Jerusalén, los sacerdotes, los profetas, y el pueblo en general (v 2-3).

El verdadero líder generacional no se queda con lo que ha recibido de Dios; no lo guarda para sí solamente, sino que se propone a compartirlo. Si no lo comparte no es un líder, porque el líder es aquel que influencia a los demás, y en este caso, su influencia es para el bien espiritual del grupo que lidera. Josías sabía que Dios le había dado tal convicción y tal temor de Dios, para que hiciera partícipe de lo mismo a todos en su reino. Ninguno al que Dios le ha puesto en una posición de influencia recibe una bendición espiritual para quedársela; él o ella a sido llamado a compartirla y ser de bendición.

La Biblia nos habla de aquel que escondió el talento que había recibido de Dios: «*Pero llegando también el que había recibido un talento, dijo: Señor, te conocía que eres hombre duro, que siegas donde no sembraste y recoges donde no esparciste; por lo cual tuve miedo, y fui y escondí tu talento en la tierra; aquí tienes lo que es tuyo*» (Mateo 25:24-25). Josías tenía también buenas razones para tener miedo. Su padre había llevado al pueblo a una vida de idolatría muy profunda y él tendría que luchar con grandes fuerzas del mal. La reforma que Dios le estaba pidiendo era una labor titánica que requería un gran valor.

Así entonces, lo primero que Josías hizo es llevar al pueblo a pactar con Dios: «*Y poniéndose el rey en pie junto a la columna, hizo pacto delante de Jehová, de que irían en pos de Jehová, y guardarían sus mandamientos, sus testimonios y sus estatutos, con todo el corazón y con toda el alma, y que cumplirán las palabras del pacto que estaban escritas en aquel libro. Y todo el pueblo confirmó el pacto*» (2 Reyes 23:1-21).

Es muy importante que el líder generacional guie al pueblo a establecer compromisos delante de Dios. El pueblo necesita, no solo escuchar un sermón, sino ser desafiado al arrepentimiento y a la acción. El rey hizo un nuevo pacto, una nueva alianza con todo el pueblo; los hizo comprometerse delante del Señor de que andarían en Sus caminos y cumplirían Su palabra.

La reforma a partir del libro de la ley

El hallazgo del libro de la ley es sin lugar a dudas el detonante de un remezón en el corazón del rey Josías; pero las cosas no se quedaron ahí, sino que se desencadenó una onda espiritual expansiva en toda la nación: ¡una reforma radical que tuvo su raíz en la lectura del libro de la ley de Dios!

La primera parte de esta reforma promovida por Josías consistió en una limpieza o purga espiritual del templo de Dios y de todos los lugares de alrededor de Jerusalén y Judá en donde la gente ofrecía sacrificios a los dioses falsos. Estos eran lugares que el pueblo y los sacerdotes habían profanado y contaminado con todo tipo de idolatría, prostitución y paganismo. Todos los detalles de esa limpieza se encuentran descritos en el pasaje de 2 Reyes 23:4-20.

La segunda parte de esta reforma consistió en la celebración de la fiesta judía llamada la pascua, misma que no se había celebrado desde hacía mucho tiempo, desde el tiempo en que gobernaron los jueces (vv. 21-23).

Las reformas que hizo Josías fue lo mejor de su reinado, lo mejor que él podría haber hecho por el pueblo. No importaría lo bien que gobernara, ni si fuese un buen administrador o un buen negociador, él entendió que la base fundamental del éxito y de la prosperidad de su reino no consistía en nada de lo que él pudiera lograr con sus habilidades o su mera inteligencia. Él, desde su temprana edad, entendió que la bendición estaba en volver a Dios. Así entonces, el líder generacional sabe que lo más importante, de entre todo lo que pueda aportar en su liderazgo, es hacer que el pueblo busque de todo corazón al Señor y se convierta a Él. Sabe que Dios es el Dios de las bendiciones y que Él otorgará todo lo necesario a los suyos, y los hará abundar para su gloria.

Las reformas de Josías no fueron en el terreno económico, ni en los impuestos, ni en la manera de hacer la guerra, ni en la adquisición de armas, ni en la política exterior, ni en el comercio. Las reformas de Josías fueron en materia religiosa: su meta era agradar a Dios personalmente y hacer que aquellos que estaban bajo su liderazgo también fuesen llenos de la misma mentalidad.

David el modelo de Josías

En 2 Reyes 22:2 podemos leer: «*E hizo lo recto ante los ojos de Jehová, y anduvo en todo el camino de David su padre*». Nótese que en dicho pasaje no se menciona que Josías anduviera en el camino de Amón su padre biológico, por lo que, aunque Josías quedó huérfano muy niño y posiblemente al cuidado de los malos consejeros y cortesanos que tenía su padre, Josías no siguió los caminos torcidos y perversos de su progenitor, sino que su modelo fue el gran rey David.

El pasaje paralelo de 2 Reyes 22 es el de 2 Crónicas 35; ahí se menciona que Josías celebró la fiesta de la pascua y ordenó a sus funcionarios que todo el proceso ceremonial se llevara cabo conforme a lo ordenado por David (2 Crónicas 35:3-4, 15). Se puede observar una vez más la importancia del legado de un líder generacional (como fue el caso del rey David); pues David, aunque había pasado mucho tiempo desde su muerte, influyó de una manera positiva en otro gran rey llamado Josías.

El líder generacional no solo debe ser de influencia para el grupo que lidera sino servir de inspiración y ser un referente para otros líderes a fin de que los demás también sean movidos a hacer lo recto delante del Señor y a tomar acciones que produzcan resultados positivos en la Iglesia.

Ciertamente la Iglesia del Dios viviente en nuestros días necesita modelos que inspiren. Podemos leer de aquellos que vivieron hace muchos años, pero cada uno de nosotros necesita personas de carne y hueso, contemporáneos nuestros, que nos sean de inspiración. Estas no solo son personas que saben la teoría, sino aquellos en cuya vida pueden verse los resultados vivos del evangelio. No obstante, si acaso no estuvieren a nuestro alrededor inmediato este tipo de personas, en Josías tenemos un ejemplo de que es posible ser un líder poderoso a pesar de estar rodeados de un mundo malo.

Conclusiones:
1. Vivir en un mal momento de la historia no significa estar condenado a conformarse con seguir con dicho patrón; Josías demostró ser el agente de cambio y transformación que su pueblo requería.

2. La edad biológica no es un factor limitante para ser usado por Dios.
3. La clave de un líder generacional es tener un corazón dispuesto a ser usado por Dios.
4. El líder generacional no solo se preocupa por el bienestar espiritual propio, sino por el bienestar del pueblo de Dios y de la gente que Él le ha dado para liderar.
5. Cada uno de nosotros necesita modelos en los cuales inspirase; sin embargo, si acaso no hubiese personas a nuestro alrededor que tengan un buen estándar, siempre podemos voltear a ver a aquellos que fueron antes de nosotros. Personas cuya vida de fidelidad y excelencia es digna de ser imitada.

12 LÍDERES GENERACIÓN DE BERNABÉ

«Mientras ministraban al Señor y ayunaban, el Espíritu Santo dijo: Apartadme a Bernabé y a Saulo para la obra a la que los he llamado».

—Hechos 13:2

«Los grandes líderes se quitan de en medio para aumentar la autoestima de su gente».

—Sam Walton

Introducción

Mediante la intervención soberana del Espíritu Santo, Bernabé fue elegido junto con Saulo para salir a predicar la fe cristiana al mundo gentil. Bernabé, cuyo nombre significa «hijo de consolación», fue considerado un apóstol debido a su entrega al servicio de la proclamación del evangelio (vea Hechos 14:14). San Lucas señala que este era descendiente de la tribu de Leví, o sea, él pertenecía a la tribu sacerdotal elegida por Dios para el pueblo de Israel; y que su nombre original fue José; sin embargo, los apóstoles le dieron el nombre de Bernabé. «*Entonces José, a quien los apóstoles pusieron por sobrenombre Bernabé (que traducido es, Hijo de consolación), levita, natural de Chipre*» (Hechos 4:36). El cambio de nombre de José a Bernabé es algo bastante significativo en la vida de este hombre de Dios, ya que esto significa que los apóstoles querían darle un nombre más apropiado con su forma de ser y con su carácter.

Asimismo, el hecho de que fuese natural de Chipre significaba que posiblemente fue uno de los que se convirtió en la primera predicación de Pedro en el día de Pentecostés, es decir, posiblemente él era uno de los viajeros que había venido a adorar a Jerusalén que se convirtió al Señor en el día del derramamiento del Espíritu Santo (Hechos 21:16), y no había pasado mucho desde su conversión. No obstante, de lo que podemos estar seguros es de que Bernabé era un hombre lleno del Espíritu Santo.

El nombre de Bernabé aparece citado en 30 ocasiones en el Nuevo Testamento; es decir, es uno de los hombres de más prominencia en el establecimiento de la iglesia primitiva; y aunque no se habla específicamente de narrativas de la vida de Bernabé, como es el caso, por ejemplo, de los hechos de Pedro o de Felipe, su mención constante en las Escrituras denota que fue un personaje muy clave e importante.

Por tanto, como uno de los grandes apóstoles de la fe, puedo considerar a Bernabé un líder generacional por motivo de los dones y ministerios que Dios le otorgó y porque fue capaz de hacer uso de ellos de manera muy eficaz en el reino de Dios. Examinemos más de cerca a este líder «hijo de consolación».

Bernabé un hombre de espíritu generoso y dadivoso

La primera vez que la Escritura menciona el nombre de Bernabé es para relacionarlo con la generosidad. Lo describe como un hombre de corazón espontaneo, liberal y generoso: «*Como tenía una heredad, la vendió y trajo el precio y lo puso a los pies de los apóstoles*» (Hechos 4:37).

Sin muestras de egoísmo o materialismo, Bernabé es sensible a la visión y al estilo de vida de la iglesia del primer siglo, en donde todo lo que se poseía era compartido para las necesidades de la comunidad de fe. Aquí empezamos a ver los primeros destellos del carácter de este líder, el cual presenta interés en el bienestar de la comunidad que pertenecía. Bernabé buscaba el bien común del pueblo, en especial el de la comunidad marginada y vulnerable de la época.

Si era natural de Chipre, posiblemente la propiedad que había vendido estaba en aquel país y tenía un valor considerable. Otra posibilidad es que estuviera radicado en Jerusalén o sus alrededores y que tuviera esa propiedad ahí. Sea como fuese, Bernabé estuvo dispuesto a despojarse de sus bienes a fin de extender el reino de Dios.

Ante la generosidad de Bernabé, el autor William MacDonald señala en su comentario: «Sabemos que la ley del amor obró de tal manera en la vida de este hijo de consolación que [fue capaz de vender] el campo, y [poner] el dinero a los pies de los apóstoles».[53] También Leo Meyer, en su artículo electrónico sobre Bernabé, expresa palabras atinadas respecto al corazón benevolente de este hombre, afirmando: «En medio de una generación altamente materialista, nos hace bien mirar la generosidad de este hombre y replicarla. Oremos que Dios nos dé un corazón como ese».[54]

---

[53] William MacDonald, *Comentario Bíblico William MacDonald. Antiguo y Nuevo Testamento* (Barcelona: Editorial Clie, 2004), 1681.
[54] Leo Meyer, *¿Quién era Bernabé y qué podemos aprender de él? Serie "Preguntas bíblicas"*. Coalición por el evangelio, octubre 25, 2019. https://www.coalicionporelevangelio.org/articulo/quien-bernabe-podemos-aprender-preguntas-biblicas/ (accesado 8/25/22).

Bernabé un hombre escogido y enviado con una misión apostólica

«Llegó la noticia de estas cosas a oídos de la iglesia que estaba en Jerusalén; y enviaron a Bernabé que fuese hasta Antioquía. Este, cuando llegó, y vio la gracia de Dios, se regocijó, y exhortó a todos a que con propósito de corazón permaneciesen fieles al Señor. Porque era varón bueno, y lleno del Espíritu Santo y de fe. Y una gran multitud fue agregada al Señor» (Hechos 11:22-24).

Los autores Bobby Clinton y Laura Raah comentan en su libro *Bernabas, Encouraging Exhorter: A Study in Mentoring* el pasaje arriba trascrito con las siguientes palabras: «A nosotros nos están introduciendo a Bernabé como una persona sensible al Espíritu Santo. Él es una persona de integridad... Esta temprana observación de Bernabé como una persona de potencial establece la plataforma para observar la realización de [su] potencial».[55]

Por otra parte, la concordancia Strong traduce el verbo «enviaron» del griego «*exapostello*» (Strong G1821 ἐξαποστέλλω), palabra que significa literalmente *enviar*, es decir, enviar p. ej., en una misión; también *despachar*, o (concluyentemente) *despedir*. Conferirle el mérito a Bernabé de ser «enviado a una misión» de parte de la iglesia de Jerusalén nos da a entender que poseía las credenciales necesarias para ello. Era un hombre digno de confianza. Y cuando menciono la palabra *credenciales* no me refiero a que portaba algún tipo de tarjeta de presentación, o algún tipo de licencia, sino más bien, él fue elegido por su destacado carácter y su integra devoción. Bernabé era un hombre idóneo para desarrollar con éxito misiones de gran responsabilidad. Es evidente que el texto señala a Bernabé como un varón con las siguientes cualidades: «Porque era varón bueno, lleno del Espíritu Santo y fe...».

El doctor Lucas registra la reacción de Bernabé al ver la gracia de Dios salvando a los pecadores arrepentidos: *«se regocijó y los*

---

[55] Bobby Clinton y Laura Raah, *Barnabas. Encouraging Exhorter: A Study in Mentoring*. (Atlanta: Barnabas Publisher, 1997), 12 (traducción mía).

animó a perseverar en el camino del Señor»; esto nos describe el corazón de este buen hombre. El comentario bíblico electrónico de Matthew Henry comenta al respecto: «Él dará éxito; y cuando los pecadores son de esta manera llevados al Señor, los hombres realmente buenos, que están llenos de fe y del Espíritu Santo, admirarán y se regocijarán en la gracia de Dios concedida a ellos. Bernabé estaba lleno de fe; lleno de la gracia de la fe, y lleno de los frutos de la fe que obran por amor».[56]

Bernabé un hombre con un corazón de mentor

Los líderes generacionales poseen un corazón de mentor, ellos saben que necesitan dejar un legado, conectar a la gente con otros, trabajar en equipo y dirigir con humildad. El corazón de Bernabé hace eco al significado de su nombre «hijo de consolación», ya que él tuvo la capacidad de entender que el trabajo del reino de Dios será realmente eficaz si se produce con sinergia, esto es, cuando somos capaces de involucrar a otros para que estos descubran y desarrollen el potencial que Dios les ha dado. Fue por ello que Bernabé fue en búsqueda de un hombre que más adelante marcaría poderosamente la historia del cristianismo: Pablo de Tarso. «*Después fue Bernabé a Tarso para buscar a Saulo; y hallándole, le trajo a Antioquía*» (Hechos 11:25).

La búsqueda de Saulo de Tarso no era una tarea fácil. Saulo era un perseguidor de la iglesia y todos le tenían miedo. Muchos quizá estaban convencidos de que la conversión de Saulo era realmente una farsa, una trampa; por tanto, se necesitaba un varón lleno de fe y del coraje y de la fuerza que da el Espíritu Santo para obedecer a la orden de Dios. Así es que Bernabé fue el instrumento que el Señor usó para traer a Saulo e introducirlo en la comunidad cristiana.

---

[56] Matthew Henry. Comentario bíblico de Matthew Henry. https://www.bibliatodo.com/comentario-biblico/?v=RV1960&co=matthew-henry&l=hechos&cap=11 (accesado 8/25/22).

Bernabé fue capaz de ver todo el potencial que tenía este hombre fiero (más tarde llamado Pablo). Él sabía que Dios usaría a este hombre en grandes proyectos. Esto es exactamente lo que hace un líder: descubre a los talentos, va por ellos, los trae a otros, los conecta con las personas apropiadas y los desarrolla.

Quizás la palabra *mentor* es nueva para usted; pero permítame explicarle en qué consiste la labor del mentor con su pupilo. La relación de mentor-pupilo es la idea más central que se refleja en la comunión de Bernabé y Pablo (al menos en los primeros capítulos del libro de los Hechos, en donde se menciona que andaban juntos).

Bernabé fue el mentor de Pablo (hasta donde los vemos trabajando juntos, esto es, hasta el capítulo 15), y aparentemente, después Bernabé fue mentor de Marcos. Así, puedo asegurar que la relación mentor-pupilo de Bernabé y Pablo tuvo la finalidad de lo que señala Bobb Biehl en su libro: «El mentor ayuda al pupilo a alcanzar el potencial que Dios le ha dado».[57] Eso es exactamente lo que Bernabé quería: que Pablo fuera lo que Dios había profetizado de él; por tanto, no lo dejaría solo hasta que este potencial fuese alcanzado.

Como ya he dicho, Bernabé había logrado introducir a Saulo y convencer a los otros cristianos de que la conversión de este gran enemigo del evangelio era realmente genuina. Saulo ya no era aquel hombre que respiraba amenazas ni aquel cuya ocupación era destruir las vidas de los siervos de Dios. De esto, la Biblia dice: «*Saulo, respirando aún amenazas y muerte contra los discípulos del Señor, vino al sumo sacerdote, y le pidió cartas para las sinagogas de Damasco, a fin de que si hallase algunos hombres o mujeres de este Camino, los trajese presos a Jerusalén*» (Hechos 9:1-2).

Otro pasaje describe su feroz celo por el judaísmo y cómo descargaba todo su enojo al perseguir a los cristianos. «*Y Saulo asolaba la iglesia, y entrando casa por casa, arrastraba a hombres y a*

---

[57] Bobb Biehl, *El Mentor* (Miami: Editorial Unilit, 2008), 40.

mujeres, y los entregaba en la cárcel» (Hechos 8:3). No obstante, este terrible hombre había cambiado; ahora era un hombre redimido por la sangre de Cristo y santificado por el Espíritu Santo, apto para hacer el trabajo del Señor; un gran instrumento en las manos del Altísimo. Un hombre con espíritu ferviente y listo para padecer cualquier cosa por el Nombre de Cristo. Bernabé lo sabía, y estuvo dispuesto a ser su mentor.

Bernabé fue usado para hacer algo que muy pocos están dispuestos a hacer —inclusive hoy en día—, esto es, invertir tiempo, esfuerzo, recursos y dinero en otras personas. Todavía San Pablo no tenía un llamado misionero, ni era —como más tarde lo fue— un escritor sagrado. Tampoco, por aquel tiempo, era todavía el gran expositor y defensor de la fe cristiana (como más tarde fue conocido); no obstante, todo esto tuvo su inicio cuando Bernabé lo buscó para reforzar el trabajo en la iglesia de Antioquía. Aquí es donde hacen eco nuevamente las palabras del escritor Leo Meyer cuando dice: «La iglesia necesita gente dispuesta a dar oportunidades a otros y estimularlos a la fe y obediencia».[58]

Bernabé un hombre obediente al Espíritu Santo

«Ministrando estos al Señor, y ayunando, dijo el Espíritu Santo: Apartadme a Bernabé y a Saulo para la obra a que los he llamado. Entonces, habiendo ayunado y orado, les impusieron las manos y los despidieron. Ellos, entonces, enviados por el Espíritu Santo, descendieron a Seleucia, y de allí navegaron a Chipre» (Hechos 13:2-4).

A pesar de la persecución desatada en esos días contra los que confesaban la fe cristiana, Bernabé obedeció a la voz del Espíritu Santo para ser enviado como misionero fuera de las fronteras domesticas de Antioquía, con el fin de iniciar, junto con Pablo, el primer viaje misionero narrado en el Libro de los Hechos. El viaje tardaría un tiempo, quizás meses, la Biblia no da detalles en cuanto a la

---

[58] Leo Meyer, *¿Quién era Bernabé y qué podemos aprender de él?*

duración de dicho viaje, pero de lo que podemos estar seguros es de que la estrategia fue cruzar fronteras y países para dar a conocer las buenas nuevas de salvación en Cristo Jesús en tierras paganas.

Bernabé continuó su ministerio como mentor

En el capítulo 15 del libro de los Hechos podemos leer cómo hubo un desacuerdo entre Pablo y Bernabé. Nos dice la Biblia: «*Y hubo tal desacuerdo entre ellos, que se separaron el uno del otro; Bernabé, tomando a Marcos, navegó a Chipre, y Pablo, escogiendo a Silas, salió encomendado por los hermanos a la gracia del Señor, y pasó por Siria y Cilicia, confirmando a las iglesias*» (Hechos 15:39-41).

Sugerida la idea de Pablo de visitar las iglesias recién fundadas, surgió el asunto de que Bernabé quería llevar con ellos a Marcos, cosa en la cual Pablo no estuvo de acuerdo. No se trataba de un pleito entre ellos, sino simplemente, nos dice la Biblia, de *un desacuerdo*. Esto significa que no siempre dos siervos de Dios (los cuales están llenos con el Espíritu Santo, como era el caso de Pablo y de Bernabé) estarán de acuerdo en todo respecto a los proyectos de Dios, pues es posible que el Señor tenga planes que ellos ignoran. Podemos deducir para esta ocasión que el desacuerdo que hubo entre estos siervos de Dios era para bien. El ministerio de Bernabé como mentor de Pablo había terminado y él necesitaba continuar su ministerio con alguien más, en este caso, con Marcos. Es necesario que el líder generacional distinga cuándo aquella persona a la que ha servido como mentor está lista y ya no necesita más de su ayuda; es posible que Dios le esté llamando a ayudar a alguien más, alguien que podrá aprovechar mucho mejor su ministerio; este fue el caso de Bernabé, quien tomó a Marcos para servirle de mentor.

Más tarde, la Biblia nos da evidencia de la enorme mejoría en el carácter de Marcos, pues Pablo mismo testifica: «*Toma a Marcos y tráele contigo, porque me es útil para el ministerio*» (1 Timoteo 4:11); el trabajo de Bernabé con Marcos resultó ser también excelente: Bernabé era un mentor de grandes líderes.

Conclusiones:

1. El hecho de que José fuese llamado Bernabé es significativo, los apóstoles sabían lo que este hombre sería y fueron mentores para él.
2. Aunque no se mencionan en las Escrituras los episodios en la vida de Bernabé (a la manera de los mencionados de Pedro o de Felipe, p. ej.), su liderazgo fue clave en el establecimiento de la obra de Dios en la iglesia primitiva.
3. La generosidad de Bernabé nos dice mucho, un hombre cuya liberalidad le distinguió y le abrió puertas en el cielo, pues luego fue considerado por el Señor para grandes hazañas. La liberalidad es característica inequívoca de un líder comprometido con Dios y con su obra.
4. Bernabé fue escogido junto con Pablo, y enviado por el Espíritu Santo a una misión de gran importancia. El camino que Bernabé había seguido le hizo escalar hasta ocupar un sitio de gran honor: el ser un mensajero divino para el pueblo gentil. Dios también desea hacer cosas grandes con cada uno de los líderes de hoy, y esto dependerá, no solo de su providencia, sino de la disposición de ellos para hacer su voluntad.
5. Bernabé tuvo el ministerio de mentor de Pablo, y no lo dejó hasta que hubo terminado con su labor. Al saber de Saulo, le trajo y le conectó con los otros cristianos. Todo buen líder sabe conectar a la gente y ayudarlos a desarrollar sus dones y talentos.
6. La clave del éxito de Bernabé fue ser un hombre lleno del Espíritu Santo.
7. Cuando la labor de Bernabé como consejero y mentor de Pablo hubo terminado, él continuó su ministerio con Marcos. Dios le indicará a usted el tiempo correcto para dejar a uno a quien ha servido como mentor, para tomar a otro.

13 LÍDERES GENERACIÓN DE ASAF

> «David puso a algunos levitas a cargo del arca del Señor para que ministraran, dieran gracias y alabaran al Señor, Dios de Israel. Los nombrados fueron: Asaf, el primero; Zacarías, el segundo; luego Jejiyel, Semiramot, Jehiel, Matatías, Eliab, Benaías, Obed Edom y Jeyel, los cuales tenían arpas y liras. Asaf tocaba los címbalos».
>
> —1 Crónicas 16:4-5 (NVI)

> «El precio de la grandeza es la responsabilidad».
> —Winston Churchill

Introducción

Asaf fue un reconocido líder de la tribu sacerdotal de Leví, el cual fue nombrado por el mismo rey David como uno de los directores del ministerio de alabanza. El texto anterior menciona que Asaf estaba a cargo de los címbalos. El Diccionario Bíblico Ilustrado nos da mayor luz respecto a lo que era este instrumento musical, el diccionario dice: «El término hebreo [címbalo] viene de una raíz verbal, «[heb.] *salah*, que significa retiñir, o resonar. Una de las formas hebreas de este nombre es dual, lo cual implica que el instrumento se componía de dos piezas. Se trata indudablemente de címbalos [en plural], como lo traduce también la LXX. Se componía de dos discos cóncavos, de bronce (1 Crónicas 15:19). Se golpeaban uno contra el otro; no producían melodía, sino que debían usarse como acompañamiento para otros instrumentos. Había una gran variedad de tamaños, desde los que se tocaban con los dedos hasta los que precisaban de todo el esfuerzo de los brazos.[59]

Al organizarse el servicio de adoración al Señor tres familias fueron designadas para dirigir la música y los cantos. Una de esas familias fue la de Asaf y sus hijos. «*Para el ministerio de la música, David y los comandantes del ejército apartaron a los hijos de Asaf, Hemán y Jedutún, los cuales profetizaban acompañándose de arpas, liras y címbalos*» (1 Crónicas 25:1, NVI).

Dentro de los dotes con los cuales Dios capacitó a este líder músico se destaca su capacidad para animar al pueblo a la adoración a Dios. También, Dios hizo de Asaf un vidente, esto es, un profeta; así como un escritor sagrado, pues se le atribuyen por lo menos 12 hermosos Salmos (50, 73-83). Estos salmos son parte del salterio judío, y desde luego, parte del Antiguo Testamento.

Dedico este capítulo para escribir algunas observaciones de este líder generacional en relación al desarrollo de su potencial en tres áreas principales: Asaf como líder de la alabanza; Asaf como el vidente o profeta; y, Asaf como el compositor de salmos.

Asaf, el líder de alabanza
Las Escrituras señalan que Dios habita en medio de las alabanzas de su pueblo «*Pero tú eres santo, Tú que habitas entre las alabanzas de Israel*» (Salmo 22:3). Conocemos y hemos experimentado

---

[59] Samuel Vila Ventura, *Nuevo diccionario bíblico ilustrado* (Terrasa, Barcelona: Editorial CLIE, 1985), 164–165.

que la alabanza es una de las sendas que conduce hacia la misma presencia de Dios, y que los seres humanos que Dios usó y usa para dirigirla —normalmente en el marco de un ministerio de alabanza— deben de reunir ciertas características, las cuales son muy importantes para que se logre el propósito de Dios y se glorifique su santo nombre. Estas características son: que los líderes de alabanza sean llenos del Espíritu Santo, de buen testimonio, de fidelidad, de compromiso, de fino talento musical, de diligencia y de un espíritu ferviente para servir al Señor, entre otros atributos. El Nuevo Diccionario de la Biblia nos arroja más luz sobre el ministerio de este líder de alto perfil llamado Asaf, pues nos dice: «Fue de los encargados para que *"ministrasen de continuo delante del arca, cada cosa en su día"* (1 Cr. 16:37). Su descendencia se especializó en este ministerio (1 Cr. 25:1) y él los dirigía. Además, Asaf "profetizaba bajo las órdenes del rey" (1 Cr. 25:2)».[60]

En otras palabras, a este director de alabanza y a sus hermanos se les encargó el cuidado nada más y nada menos que del Arca del Pacto, y además, tenían la responsabilidad de cada día servir en el ministerio de adoración y de acompañar con música los canticos al Señor: con los címbalos, las trompetas y otros instrumentos de música (1 Crónicas 16:37-42). ¡Qué gran responsabilidad le fue delegada a este musico y corista llamado Asaf! Por eso fue grande, un gran líder delante del Señor.

El líder generacional tipo Asaf debe de ser un adorador. Un adorador no solo es uno que adora cuando asiste a un recinto en donde se celebra un servicio religioso una vez a la semana; lugar en donde por treinta o cuarenta minutos canta algunos cantos o himnos acompañado por algún grupo de músicos a los cuales preside en esos momentos. El liderazgo tipo Asaf es aquel que hace de la adoración al Señor su estilo de vida. El adorador adora todos los

---

[60] Alfonso Lockward, *Nuevo diccionario de la Biblia* (Miami: Editorial Unilit, 1999), 110.

días y no solo cuando está acompañado por música o músicos. El líder cristiano generación Asaf ha comprendido que toda su vida es un acto de adoración a Dios y que su compromiso con su Creador es total.

Asaf, el vidente del Señor

En el Antiguo Testamento la palabra *Vidente* era otro termino para designar a los profetas. El Nuevo Diccionario de la Biblia dice al respecto: «El profeta o vidente, sin embargo, servía también al pueblo como medio de consulta a Dios aun para cosas de la vida común *("Antiguamente en Israel cualquiera que iba a consultar a Dios, decía así: Venid y vamos al vidente; porque al que hoy se llama profeta, entonces se llamaba vidente"* [1 S. 9:9])».[61]

Se menciona el siguiente texto de la pluma del cronista inspirado: «*Entonces el rey Ezequías y los príncipes dijeron a los levitas que alabasen a Jehová con las palabras de David y de Asaf vidente; y ellos alabaron con gran alegría, y se inclinaron y adoraron*» (2 Crónicas 29:30). Para ser un vidente o profeta Asaf tuvo que tener una vida devocional en la cual practicara una profunda comunión con Dios, y así tener la revelación de los designios o consejos que Él tenía para su pueblo.

Un vidente, en los términos del Antiguo Testamento es uno que tiene la visión de Dios, la perspectiva de Dios, la sabiduría de Dios. Es decir, uno que recibe de lo alto la revelación respecto a un conocimiento que para los demás está escondido; esto es a lo que en el Nuevo Testamento se le llama *palabra de ciencia* o de conocimiento.

El profeta no solo es uno a quien Dios le revela el futuro, sino uno a quien Dios le da una palabra para compartir al pueblo; en otras palabras, es un portavoz de Dios mismo, su mensajero. Esta posición de gran importancia la tuvo Asaf.

---

[61] Ibid, 850.

El término *vidente* es usado exclusivamente en el Antiguo Testamento y es dado únicamente a diez personas: Samuel (1 Samuel 9:9, 11, etc.); Sadoc (2 Samuel 15:27); Gad (2 Samuel 24:11); Hermán (1 Crónicas 25:5); Ahías silonita (2 Crónicas 9:29); Iddo (2 Crónicas 12:15); Hanani (2 Crónicas 16:7); Jedutún (2 Crónicas 35:15); Amós (Amós 7:12); y Asaf (2 Crónicas 29:30). Aunque 2 Crónicas 33:18 da a entender que había cierto número de videntes en Judá en los tiempos de Manasés; y en Isaías se mencionan los videntes en dos ocasiones (Isaías 29:10; 30:10). El vidente tenía una revelación especial: veía con los ojos espirituales; poseía una visión de fe y de gran perspicacia espiritual.

Asaf, el escritor de los Salmos

El rey David después de haber traído de regreso el Arca del Pacto a Jerusalén y de llevar a cabo una santa celebración (1 Crónicas 16:1-7) irrumpió con un hermoso y poderoso Salmo el cual puso en mano del cimbalista Asaf, y de sus hermanos: «*Entonces, en aquel día, David comenzó a aclamar a Jehová por mano de Asaf y de sus hermanos: Alabad a Jehová, invocad su nombre, Dad a conocer en los pueblos sus obras...*» (1 Crónicas 16:7-8).

Pero antes de continuar, y para poner todo esto en contexto, existe una pregunta que debemos responder primero: ¿Qué son los salmos? En *La Biblia de la Predicación* se definen los salmos de la siguiente manera: «Un salmo es una canción o un poema de tema sacro que se usa en la adoración. En la Biblia, estas composiciones se encuentran recogidas en el Libro de los Salmos, también conocido como *Salterio*. Los salmos provienen del contexto *cúltico* [religioso] es decir, se compusieron para ser usados en la adoración tanto pública como privada, como oraciones, canticos, letanías y liturgias».[62]

---

[62] Sociedades Bíblicas Unidas, *La Biblia para la predicación* (Brasil: Reina-Valera 1960, 2012), 520.

Los salmos no fueron escritos en un vacío, por lo general son producto de las experiencias vividas por sus propios autores, tales como situaciones de crisis, momentos de tensión, así como también celebraciones, alabanza y adoración a Dios. Algunos también describen eventos proféticos y otros se escribieron como himnos para las diferentes fiestas y ocasiones especiales del pueblo judío. Asaf no estuvo ajeno a los temas antes mencionados; así que, no solo fue reconocido como experimentado músico y vidente, sino como escritor de una parte del himnario del pueblo escogido por Dios.

Para ser un poco más específico respecto a este líder generacional encuentro más de su carácter y personalidad en uno de los salmos que él escribió; uno que por cierto es muy conocido y popular entre nosotros: el salmo 73. Analicemos pues, con más detenimiento, las palabras de este salmo, las cuales, por supuesto, fueron inspiradas por el Espíritu Santo, y encontraremos algunas de las cualidades de este hombre de Dios.

En el salmo 73 se observan las virtudes espirituales de Asaf:

1. Una sólida devoción a Dios: «*Con todo, yo siempre estuve contigo; Me tomaste de la mano derecha*» (v. 23).
2. Una dependencia completa de la dirección divina: «*Me has guiado según tu consejo*» (v. 24).
3. Una plena satisfacción en su Dios: «*¿A quién tengo yo en los cielos sino a ti? Y fuera de ti nada deseo en la tierra*» (v. 25).
4. Dios era su único consuelo: «*Mi carne y mi corazón desfallecen y mi porción es Dios para siempre*» (v. 26).
5. Su esperanza era el Dios vivo: «*Pero en cuanto a mí, el acercarme a Dios es el bien; He puesto en Jehová el Señor mi esperanza, Para contar todas tus obras*» (v. 28).

La música en conexión con la profecía y la revelación de Dios

En uno de los episodios de la vida del Eliseo, la Narración Sagrada nos informa que el varón de Dios mandó traer al tañedor (es decir, a alguien que tocaba un instrumento de cuerdas), para que tocara, y así fuera iluminado por el Espíritu para profetizar. La Biblia dice: «*Mas ahora traedme un tañedor. Y mientras el tañedor tocaba, la mano de Jehová vino sobre Eliseo*» (2 Reyes 3:15). Este no es un pasaje aislado, pues también David, cuando tocaba su arpa, el espíritu malo que atormentaba a Saúl era ahuyentado (vea 1 Sam. 16:23). También existen otros pasajes de la Biblia que hablan sobre la conexión del poder espiritual con la música (p. ej. Isaías 30:32). Y sin hacer en esta ocasión un estudio profundo sobre el tema, me basta decir que la música tiene una conexión muy poderosa con el mundo espiritual; mucho más de lo que podemos darnos cuenta.

De esta manera, un buen número de los grandes líderes de la tierra han sido músicos. El pasaje de Ezequiel 28:13 parece insinuar que Satanás mismo, antes de ser lo que es ahora, cuando era un ángel en armonía con la voluntad de Dios, fue un músico (aunque esto no puede ser concluyente, pues no existe suficiente evidencia bíblica). Ahora bien, lo que quiero decir con esto es que los músicos son grandes líderes y tienen una influencia muy fuerte.

Por tanto, así como Asaf, los líderes generacionales músicos, o de la generación de Asaf, deben ser personas consagradas a Dios pues tienen en sus manos una gran responsabilidad. Esto nos lleva a la frase que menciono de Churchill al principio de este capítulo: «El precio de la grandeza es la responsabilidad». Satanás fue creado como un querubín y estuvo muy cerca de Dios; sin embargo, al querer poner su trono al lado del de Dios, siendo una simple criatura, el Todopoderoso lo expulsó de su presencia. El orgullo ha destruido las vidas de muchos músicos cristianos y con ellos, a muchos de quienes les siguen. Si Dios le ha dotado a usted con un talento musical (el cual deberá ponerse enteramente en las manos del Señor), tenga mucho cuidado en poseer y mantener las otras cualidades que tuvo Asaf en su vida.

Es así como Asaf, luego de humillarse ante Dios hasta el polvo y decir: «*Tan torpe era yo, que no entendía; Era como una bestia delante de ti*» (v. 22), pronuncia una advertencia que nos debería hacer estremecer: «*Porque he aquí, los que se alejan de ti perecerán; Tú destruirás a todo aquel que de ti se aparta*».

Posteriormente, al final de su salmo, Asaf concluye: «*Pero en cuanto a mí, el acercarme a Dios es el bien*» (v. 28). Vemos así que el pensamiento de Asaf está inclinado totalmente al Señor y él está completamente convencido de que estar cerca del Todopoderoso es lo mejor que puede hacer en la vida. Esta es la mentalidad de los líderes generación de Asaf: son músicos, son videntes de Dios, pero también son quienes buscan al Señor continuamente y de todo corazón, pues saben que en Él está el bien para ellos.

Conclusiones:

Lecciones aprendidas de la vida de Asaf como líder generacional.
1. Asaf valoraba intensa y fielmente la adoración al Señor.
2. Asaf era un líder sujeto y responsable con los deberes que su superior el rey David le delegó.
3. Asaf tenía una voz profética para comunicar la voluntad de Dios a su pueblo.
4. Asaf exhortaba a los miembros de los ministerios de alabanza y adoración de las iglesias locales a poner todo su empeño y colaborar son sus talentos, a fin de que, con sus instrumentos, adorasen y alabasen en las celebraciones que se ofrecían a Dios en su tiempo.
5. Asaf entendía muy bien la importancia de la música, y de su poder para atraer a las multitudes. Él utilizó la música como un medio para atraer a la gente a Dios y se puso como ejemplo de fidelidad a Él.

14 LÍDERES GENERACIÓN DE NEHEMÍAS
(PARTE 1)

«Entonces les declaré cómo la mano de mi Dios había sido buena sobre mí, y asimismo las palabras que el rey me había dicho. Y dijeron: Levantémonos y edifiquemos. Así esforzaron sus manos para bien».

—Nehemías 2:18

«¡Cómo nos agradaría leer nuestro nombre en la prensa todos los días! La gente quiere tener un puesto alto. Aspira a que se le diga "Señor gobernador". Pero junto con el honor de tener un puesto, es mayor la responsabilidad de desempeñar los deberes correspondientes».

—Melvin L. Hodge

Introducción

Al escuchar las tristísimas noticias de la condición de su amada ciudad —la ciudad de Jerusalén, la tierra de sus ancestros—, y al recrear en su mente las escenas desgarradoras de sus demolidos muros, el corazón de Nehemías fue estremecido profundamente. Nehemías formaba parte de la corte real del Imperio persa y su trabajo consistía en servir las bebidas al rey (Nehemías 1:11). Ser copero del rey era un cargo de gran dignidad en aquel tiempo, el cual se le otorgaba solamente a personas de alto perfil, y requería de ellos mucha fidelidad; es decir, el rey tenía que tener en él un bastante alto grado de confianza.

No está por demás decir que Nehemías tenía absolutamente todas las comodidades que se podrían desear en su tiempo. Habitaba con seguridad, y podía gozar de todos los placeres que les eran otorgados a quienes vivían en el palacio persa. Sin embargo, sus ideales no estaban en morir gozando de los placeres de este mundo. En esto Nehemías se asemeja a Moisés, de quien el libro de Hebreos dice: «*escogiendo antes ser maltratado... que gozar de los deleites temporales del pecado*» (Hebreos 11:25). Antes bien, Nehemías, quien era un hombre temeroso de Dios, se afligió por el sufrimiento ajeno, y veló por los intereses del pueblo de Dios.

Por cierto, Jerusalén era para Nehemías una ciudad distante. La distancia entre Jerusalén y Susa, la capital del Imperio Persa (donde radicaba Nehemías) era gigantesca, y es relevante mencionar que la ruta entre ambas ciudades estaba colmada de peligros de toda índole, mayormente por ser una zona desértica. Nehemías no solo se preocupó por el estado de la nación judía, sino que se ocupó activamente por los problemas que a ella aquejaban. Él tomo cartas en el asunto y se involucró de manera personal; tanto, que llegó a ser parte de la solución a dichos problemas, y alivió las calamidades que el pueblo de Israel estaba experimentando. Así inicia una nueva etapa para Jerusalén y la nación hebrea; pero todo fue debido a que hubo un hombre llamado Nehemías, quien, sensible al llamado de Dios, inquietó su corazón para la acción. Por todo esto, Nehemías llegó a ser un gran líder generacional.

Todo inició con una pregunta y una respuesta

«*Palabras de Nehemías hijo de Hacalías. Aconteció en el mes de Quisleu, en el año veinte, estando yo en Susa, capital del reino, que vino Hanani, uno de mis hermanos, con algunos varones de Judá, y les pregunté por los judíos que habían escapado, que habían quedado de la cautividad, y por Jerusalén» (Nehemías 1:1-2).*

Cuando hacemos preguntas correctas, recibimos respuestas correctas. Preguntar conlleva a una serie de propósitos importantes. El primero de esos propósitos es el de recibir información y el segundo es el de activar el arte de escuchar. Estas dos cualidades deberían ser desarrolladas a fin de que se conviertan en parte de la conducta normal de un líder generacional. Pero cuando preguntamos deberíamos estar dispuestos a escuchar y a responder de acuerdo con la información que se nos plantea. Jesús siempre hizo preguntas, pero al mismo tiempo, supo responder a las necesidades planteadas. En el evangelio de Marcos, por ejemplo, se nos dice que Jesús le hizo una pregunta a una persona ciega luego de que Él le llamara y de que tal persona acudiera a Él. Jesús le dijo: *«¿Qué quieres que te haga? Y el ciego le dijo: Maestro, que recobre la vista. Y Jesús le dijo: Vete, tu fe te ha salvado. Y en seguida recobró la vista, y seguía a Jesús en el camino»* (Marcos 10:51-52). A esto yo le llamo *preguntar*, pero cuando preguntamos afectivamente, ¿cuál será nuestra reacción al recibir respuesta? ¿Sabremos escuchar como se debe?

El doctor John Maxwell con respecto a la disciplina de escuchar dice: «Entre las personas con el don de liderazgo no hay muchas que no tengan la habilidad de escuchar».[63] Y Maxwell continúa desarrollando el tema citando a Peter Druker y diciendo: «Peter Drucker, el padre del concepto gerencial moderno de los Estados Unidos cree que el 60% de todos los problemas gerenciales son el resultado de comunicaciones pobres. Yo diría que la gran mayoría de los problemas de comunicación viene de no saber escuchar. Hay muchas voces allá afuera que reclaman nuestra atención».[64]

---

[63] John Maxwell, *Las 21 Cualidades Indispensable de un Líder* (Nashville: Editorial Caribe, 2000), 40.
[64] Ibid, 40.

La respuesta a la pregunta de Nehemías no se hizo esperar. Entonces Hannani y sus compañeros respondieron: *«El remanente, los que quedaron de la cautividad, allí en la provincia, están en gran mal y afrenta, y el muro de Jerusalén derribado, y sus puertas quemadas a fuego» (Nehemías 1:3).*

La reacción de Nehemías al escuchar el desafortunado informe fue dramática; no obstante, no se quedó con los brazos cruzados, sino que, con un espíritu humilde y quebrantado, se presentó delante de Dios. Las Escrituras señalan tal acto con las siguientes palabras: *«Cuando oí estas palabras me senté y lloré, e hice duelo por algunos días, y ayuné y oré delante del Dios de los cielos. Y dije: Te ruego, oh Jehová, Dios de los cielos, fuerte, grande y temible, que guarda el pacto y la misericordia a los que le aman y guardan sus mandamientos; esté ahora atento tu oído y abiertos tus ojos para oír la oración de tu siervo, que hago ahora delante de ti día y noche, por los hijos de Israel tus siervos; y confieso los pecados de los hijos de Israel que hemos cometido contra ti; sí, yo y la casa de mi padre hemos pecado» (Nehemías 1:4-6).*

Una postura ante los que sufren

La reacción de Nehemías al oír el reporte de la provincia de Judá fue de dolor y de llanto. Asimismo, el funcionario real afligió su cuerpo con ayuno; pero, sobre todo, Nehemías dobló sus rodillas ante Dios y oró fervientemente. En esta oración, él reconoció por qué el pueblo escogido de Dios estaba en tan deplorable condición; y en su plegaria, confesó tanto sus propios pecados como los del pueblo; un Israel que había sido disperso precisamente debido a su desobediencia; un pueblo que había sido rebelde a los mandamientos y estatutos divinos. Al mismo tiempo, Nehemías apela a la promesa divina de que, si Su pueblo reconociera sus faltas y se arrepintiese, Él volvería a tener misericordia de ellos (Nehemías 1:5-11).

Además, esta oración es empática y a favor de los judíos que están lejos y henchidos de un espíritu de derrota, desanimo y abatimiento debido a la pésima condición de la amada ciudad de Jerusalén. Nehemías entonces recibe de Dios un plan para remediar las cosas a favor de sus hermanos y piensa en ellos como si se tratase de él mismo.

Luego, Nehemías no pudo ocultar su sentir delante del rey, y este descifra en él un «*quebranto de corazón*» (Nehemías 2:2). Fue así que las palabras pronunciadas por el monarca persa provocaron en Nehemías un gran temor al principio; sin embargo, esto era precisamente la manera en que Dios habría de iniciar la puesta en marcha del plan que Él tenía para Nehemías y para la ciudad de Jerusalén.

No hay lugar para improvisar

En el artículo sobre Nehemías escrito por John Jairo Leal y David Santiago Ruiz se señala una verdad muy aplicable al desarrollo y exposición de este capítulo; ellos dicen: «La oración es la manera más clara en que podemos manifestar nuestra confianza en Dios, sin excluir el diseño de planes y la realización de acciones decididas».[65] El líder generacional tendrá el cuidado de administrar con prudencia. Esto incluye una planificación efectiva en la que el hombre o la mujer de Dios habrá de trazar los pasos necesarios para llevar a cabo sus proyectos con éxito. Así pues, a fin de tener clara esta planeación, el líder deberá de orar, a fin de que Dios ponga en sus manos los detalles de ese plan; es decir, el plan deberá ser del Señor y no del líder. Sin duda habrá también cosas que Dios no le indicará expresamente al líder, cosas que este deberá de planear con la ayuda de su equipo de trabajo (siempre y cuando lo tenga, por supuesto).

La planeación deberá incluir un desglose de las actividades que deben realizarse. Este desglose deberá incluir todas las actividades pertenecientes al proyecto de acuerdo al juicio de los planeadores.

---

[65] Padilla, *Comentario Bíblico Contemporáneo*, 580.

En esta etapa, el líder deberá pensar lógicamente, pero a la vez él necesitará poner su mirada en el Señor respecto a aquello que será difícil de realizar o necesitará de su intervención milagrosa. La planeación incluye la asignación de tiempos y de recursos a cada actividad. Cada actividad puede tener una naturaleza distinta, por lo tanto, el líder deberá clasificarlas, y en caso de ambigüedad, deberá elegir primero las que son más sencillas de realizar.

La planeación no debe hacerse «al vapor», y dependerá, por supuesto, de la complejidad y de la importancia del proyecto de que se trate. Si el proyecto es de gran envergadura, la planeación puede extenderse el tiempo que sea necesario: es mejor dar suficiente tiempo a la planeación, antes que emprender la acción con un plan que no es apto para cumplir efectivamente con la visión, cosa que generará errores y retrabajos innecesarios.

Observamos el caso de Nehemías, quien no fue indolente respecto al proyecto que Dios le asignó. Él supo identificar los riesgos a los que se estaría enfrentando, definió los parámetros del proyecto y desarrolló un plan efectivo. Él estableció tiempos y pensó en los recursos que necesitaría (Nehemías 2:1-10).

Una inspección a caballo

«Llegué, pues, a Jerusalén, y después de estar allí tres días, me levanté de noche, yo y unos pocos varones conmigo, y no declaré a hombre alguno lo que Dios había puesto en mi corazón que hiciese en Jerusalén; ni había cabalgadura conmigo, excepto la única en que yo cabalgaba. Y salí de noche por la puerta del Valle hacia la fuente del Dragón y a la puerta del Muladar; y observé los muros de Jerusalén que estaban derribados, y sus puertas que estaban consumidas por el fuego» (Nehemías 2:11-13).

La distancia entre Susa y Jerusalén es de 1,740 km. Así que, considerando que al viajar a caballo se lograría avanzar un promedio de 50 km por día, Nehemías necesitó aproximadamente un mes y medio de viaje para llegar a Jerusalén.

Después de un viaje agotador, Nehemías arribó a la ciudad de Jerusalén. Sin embargo, después de tres días de descanso, había que poner manos a la obra. Nehemías había planeado hacer una inspección física de las condiciones en que el muro se encontraba. Esta inspección era sumamente importante a fin de tener una idea mucho más clara respecto a la valoración de los daños y de los recursos que deberían asignarse para la reconstrucción de los muros. En ese momento, para Nehemías escuchar un informe no era suficiente, él mismo necesitaba hacer un recuento de primera mano de los hechos, necesitaba estar perfectamente informado de la situación circundante. Él mismo debería ser quien ejecutara el proyecto y transformarse así en un agente de cambio en Jerusalén. Este contacto con la realidad es clave para un líder generacional.

Me llama la atención la descripción que se hace en el Devocional Nuestro Pan Diario respecto a esta narración bíblica: «Era de noche cuando el líder salió cabalgando a inspeccionar la tarea que yacía por delante. Al recorrer la destrucción que le rodeaba, vio que los muros habían sido derrumbados y las puertas quemadas. En algunas zonas, los escombros dificultaban el paso de su caballo. Triste, el jinete volvió a su casa».[66] Es verdad que Nehemías se volvió triste, pero creo que, al mismo tiempo, tenía un corazón lleno de esperanza: sabía que Dios estaba con él para hacer la obra de reconstrucción. El plan estaba siendo trazado, y los elementos de este se estaban completando.

La importancia de la discreción

«Y no sabían los oficiales a dónde yo había ido, ni qué había hecho; ni hasta entonces lo había declarado yo a los judíos y sacerdotes, ni a los nobles y oficiales, ni a los demás que hacían la obra» (Nehemías 2:16).

---

[66] *Nuestro Pan Diario 2022. Edición Anual, Vol. 26,* (Grand Rapids, MI: Our Daily Bread Ministries, 2022), 223.

Es digno de observarse que Nehemías no dio a conocer a nadie los planes que tenía para la construcción del muro, ni qué era lo que se proponía con la visita que hizo de las ruinas. Nos dice el texto anterior que él no declaró a los líderes colegas suyos ni a los de su pueblo qué era lo que pretendía hacer, ni lo que tenía en su corazón. Con esto Nehemías estaba siendo prudente. El líder generacional debe hacer lo mismo. No todos los que parecen ser nuestros amigos realmente lo son, y no todos tendrán nuestro mismo punto de vista respecto a nuestros planes. No es bueno, por lo tanto, dar lugar a que los demás juzguen un asunto que no es de su incumbencia; y esto es más relevante si consideramos que algunas personas podrían ser instrumentos del enemigo para hacer un contrapeso en el cumplimiento de tales planes.

Otra porción de la Biblia dice: «*La discreción te guardará; Te preservará la inteligencia*» (Proverbios 2:11). En ese pasaje dice que una persona discreta es una persona inteligente. Por tanto, todo líder generacional debe saber bien a quién dar a conocer sus planes, pues en muchas ocasiones esto es lo mejor para que las cosas vayan tomando forma de acuerdo a la perfecta voluntad de Dios.

Existe la posibilidad de que una falta de discreción eche de alguna manera a perder, o dañe el curso del plan que Dios ha puesto en nuestro corazón, por tanto, el saber cuándo y a quien dar a conocer nuestros planes debe contestar a la siguiente pregunta importante: *¿para qué?* Realmente, si lo pensamos bien, no existe muchas veces una buena razón para que alguien ajeno al proyecto se entere de lo que estamos planeando hacer como líderes.

Conclusiones:

El ejemplo del liderazgo de Nehemías es un gran legado para todos los líderes generacionales que le sucedieron. Tal y como él lo hizo, los líderes de hoy deben saber cómo responder ante situaciones difíciles que experimentan los que sufren y que están lejos. Algunas de las lecciones aprendidas de este capítulo son:

1. Todo continuará igual hasta que no haya alguien dispuesto a ser usado por Dios. Los líderes que Dios ha preparado deben levantarse y tomar iniciativas para remediar situaciones que representan grandes desafíos.
2. Un líder generacional tiene que ser susceptible a las necesidades de otros. Debe de ver con los ojos de Cristo: «*Y al ver las multitudes, tuvo compasión de ellas; porque estaban desamparadas y dispersas como ovejas que no tienen pastor*» (Mateo 9:36).
3. Un líder debe de estar dispuesto a dejar su lugar de confort, seguro y cómodo, para solucionar asuntos que Dios le ponga en su corazón. No debe de considerar su comodidad como cosa a qué aferrarse (Filipenses 2:6).
4. La mejor manera de empezar un proyecto es buscar la dirección de Dios, y al mismo tiempo reconocer los errores que hemos cometido. Rick Warren afirma: «El liderazgo produce estrés y el alivio se encuentra de rodillas».[67]
5. Liderar requiere hacer uso de la ciencia de la administración. Todo líder debe reconocer que Dios ha puesto una responsabilidad en sus manos que debe de cumplir con diligencia y excelencia.
6. Debemos considerar el aspecto de la discreción mayormente en las etapas tempranas de nuestro proyecto.

---

[67] Rick Warren, *Liderazgo con propósito* (Lake Forest, CA: Purpose Driven Publishing, 2005), 31.

15 LÍDERES GENERACIÓN DE NEHEMÍAS
(PARTE 2)

> «Y les envié mensajeros, diciendo: Yo hago una gran obra, y no puedo ir; porque cesaría la obra, dejándola yo para ir a vosotros. [...] Entonces dije: ¿Un hombre como yo ha de huir? ¿Y quién, que fuera como yo, entraría al templo para salvarse la vida? No entraré».
> —Nehemías 6:3, 11

> «Ningún hombre será un gran líder si quiere hacerlo todo él mismo u obtener todo el mérito para sí mismo por hacerlo».
> —Andrew Carnegie

Introducción

Nehemías fue un tremendo líder generacional, y cada vez que habla nos empodera. Escuchemos algunas de sus expresiones: «*Entonces les declaré cómo la mano de mi Dios había sido buena sobre mí*» (2:18); «*El Dios de los cielos, él nos prosperará, y nosotros sus siervos nos levantaremos y edificaremos*» (2:20); «*Después miré, y me levanté y dije a los nobles y a los oficiales, y* al resto del pueblo: No temáis delante de ellos; acordaos del Señor, grande y temible, y pelead por vuestros hermanos, por vuestros hijos y por vuestras hijas, por vuestras mujeres y por vuestras casas» (4:14); «Yo hago una gran obra...» (6:3); «¿Un hombre como yo ha de huir?» (6:11). Estas son apenas algunas de las innumerables palabras de Nehemías encontradas en el libro que lleva su nombre.

El ministerio de Nehemías estuvo enfocado en la reconstrucción de un muro destruido; fue un ministerio ejercido prácticamente en el marco de la suciedad del barro. Nehemías estaba acostumbrado a la finura del palacio, pero Dios le llevó a estar a la intemperie y en contacto con el polvo y con el barro. Nehemías, de ser un funcionario real, se convirtió en un albañil y líder de albañiles.

El texto base de este capítulo señala que «Y ni yo ni mis hermanos, ni mis jóvenes, ni la gente de guardia que me seguía, nos quitamos nuestro vestido; cada uno se desnudaba solamente para bañarse» (4:23). Esto quiere decir, que sin desviarse o distraerse de su tarea, Nehemías estaba con su gente y ponía el ejemplo. También nos habla de una gran determinación y de un empeño porfiado por terminar la obra.

El currículum de Nehemías no incluía haber sido militar ni profeta ni constructor; sin embargo, su función como administrador de Dios fue insuperable. Él tomó en serio la tarea que Dios le había llamado hacer, y la hizo con mucha eficiencia. En este capítulo examinaré el eco de sus palabras para nosotros hoy.

La mano de Dios sobre mí

La apatía de los judíos y la falta de amor por su propia tierra; su incredulidad en las promesas de Dios y su temor; todas estas cosas habían postergado la tarea de la reconstrucción del muro unos cien años. Acostumbrados a ver el sombrío panorama de una ciudad indefensa, y asidos de la mano del conformismo, estos lugareños ya habían perdido todo sentido de visión y del propósito de Dios, quien milagrosamente les había dado la oportunidad de regresar a la santa ciudad de Jerusalén.

Ante tal estado de cosas aparece en escena Nehemías, un líder con un corazón apasionado por Dios, quien, siendo también un hombre de gran determinación, se dirigió a los ancianos de la ciudad y los motivó poderosamente con las siguientes palabras: «*Entonces les declaré cómo la mano de mi Dios había sido buena sobre mí*» (2:18). Si hay algo de lo que un líder generacional tiene que asegurarse, es de que Dios este de su lado. Al respecto David Guzik declara: «Nehemías aseguró a los líderes que este no era *su* proyecto, era el proyecto de *Dios*. Si las personas sienten que su visión reamente solo se trata de usted, de exaltarlo a usted, de hacerlo a usted grande, titubearán con justa razón. Pero si es de Dios, y ellos pueden verlo, estarán encantados de asociarse con usted».[68]

Cuando hacemos uso de las palabras y la motivación correcta, la respuesta y el apoyo de parte de los seguidores no se hará esperar. Así fue que aquel día, al unísono, las palabras de los ancianos de Jerusalén retumbaron en los oídos llenos de fe de Nehemías: «*Levantémonos y edifiquemos*» (2:18), esto por supuesto, estaba confirmando que aquel proyecto era de Dios y no del hombre.

Todo proyecto que el líder generacional cristiano emprenda debe estar respaldado por la poderosa mano de Dios, porque si es así, existe garantía de que tendrá éxito. En este caso, la tarea de Nehemías era una tarea titánica, algo que en muchos años se pensó que sería imposible, por lo tanto, el apoyo de Dios era indispensable. No solo era la carencia de recursos económicos, sino que todos sabían que tal proyecto tendría opositores que entorpecerían el plan —cualquiera que este fuera— y lo echarían abajo. Sin embargo, Nehemías estaba seguro de que la mano de Dios estaba en

---

[68] David Guzik. "Nehemías 2: La comisión de Nehemías." Blue Little Bible. 2016. https://www.blueletterbible.org/Comm/guzik_david/spanish/StudyGuide_Neh/Neh_02.cfm (accesado 8/19/22).

el asunto, y que ese sentir no era solamente el de un hombre de buen corazón que se condolía de la condición ajena; sino que era precisamente el sentir de Dios mismo.

La fuente del triunfo viene del Señor

«*El Dios de los cielos, él nos prosperará, y nosotros sus siervos nos levantaremos y edificaremos*» (2:20).

En Nehemías 2:19 por primera vez en el libro, aparece el grupo antagónico al proyecto de la reconstrucción del muro. La oposición estaba compuesta por una triada diabólica: Sambalat, Tobías y Gezem. Ellos empezaron con la estrategia de la burla y del escarnio del siervo de Dios. Recuerde esto siempre que usted se levante para hacer algo para el Señor: el enemigo de nuestras almas usará todos sus instrumentos malignos para tratar de frustrar y hacer desfallecer su ánimo. Ese es el objetivo de la burla. La burla tiene el objeto de ridiculizar a una persona para que esta de retire avergonzada de aquel propósito que ha emprendido. Aquí el propósito de la burla de los enemigos de Nehemías era hacerle flaquear en su fe, y el mensaje era el siguiente: «Nehemías, ese proyecto que tienes en mente es algo ilógico; es imposible realizarlo y fallarás estrepitosamente. El solo hecho de pensar en algo así nos hace reír a carcajadas. Por tanto, lo mejor que puedes hacer es disculparte y regresar por el mismo camino por donde viniste».

No obstante, nótese la manera como el líder enfrenta a la oposición. No ataca a sus opositores desafiándoles de manera personal, sino que menciona a su Aliado más poderoso: «*el Dios de los cielos, él nos prosperará*». A estas alturas, ya Nehemías no menciona al rey persa que aprobó y respaldó el proyecto, sino que se apoya y confía en el Dios que les daría las fuerzas para triunfar.

Esa exactamente deberá ser la respuesta del líder generacional: una respuesta de fe en Dios. La fe en Dios es la que vence al enemigo, y hace que él sea quien huya avergonzado. Nuestras declaraciones de fe hacen callar a los incrédulos y a los escarnecedores. Como lo comenté en capítulos atrás, cuando hablé sobre el liderazgo generacional de Caleb, aquí también Nehemías hizo callar a los enemigos de Dios mediante una declaración poderosa de confianza y fe en el Todopoderoso.

Salir a defender nuestro tesoro más preciado
«Después miré, y me levanté y dije a los nobles y a los oficiales, y al resto del pueblo: No temáis delante de ellos; acordaos del Señor, grande y temible, y pelead por vuestros hermanos, por vuestros hijos y por vuestras hijas, por vuestras mujeres y por vuestras casas» (4:14).

El pastor T.D. Jakes afirma: «[...] las palabras de un líder nunca son tan importantes como en medio de una crisis».[69] Nehemías tuvo que enfrentarse con las burlas de sus enemigos y sus conspiraciones; no obstante, él no se quedó con los brazos cruzados. Más bien, él se mantuvo en posición de alerta, y motivando al pueblo a organizarse y a mantenerse vigilando. Nehemías pidió a su gente que continuara construyendo, pero al mismo tiempo, les dijo que tomaran las pocas armas que poseían. La finalidad de esto era estar preparados ante la posibilidad de un ataque de los enemigos del proyecto; el pueblo debería estar dispuesto a defender su tesoro más apreciado: sus familias.

Rick Warren comenta al respecto: «Nehemías reunió a los suyos. Alivio sus temores, reforzó su confianza les levantó la moral. Esa es la tarea del líder. Cuando tu negocio, tu familia o tu iglesia estén bajo ataque, tu tarea como líder consiste en renovar las fuerzas a tu gente. ¡Levántalos! Anímalos a mantenerse en la lucha. Diles que Dios está de su lado. ¡No tengas miedo!».[70]

Nehemías trató de mantener el entusiasmo de su equipo de trabajo. Él sabía que el bien común era muy importante en este caso y eso era lo que los mantendría unidos y fuertes. Asimismo,

---

[69] T.D. Jakes, *No tires el micrófono* (Nashville: Faith Word, 2021), 8.
[70] Warren, *Liderazgo*, 126.

Nehemías les recuerda que, aunque tuviesen todos los recursos, la ayuda de Dios siempre será esencial para triunfar; por tanto, él los anima a continuar teniendo fe en Dios. Nehemías aprovechó el don de comunicación que había recibido y dio palabras de esperanza para hacer que el pueblo continuara motivado; el pastor T.D. Jakes afirma respecto a esto: «Mientras podamos hablar, podemos tener esperanza. La comunicación convierte las ideas en palabras y las palabras en acciones».[71]

Para Dios nunca hacemos nada pequeño

«*Yo hago una gran obra...*» (6:3).

La reconstrucción del muro estaba avanzando, pero el engaño y la conspiración también seguían su curso; no obstante, el don de discernimiento del Espíritu que estaba en Nehemías le impidió caer en la trampa. En lugar de eso, Nehemías reacciona y responde: «*Yo hago una gran obra...*». Su persistencia y dedicación a la obra le evitó incurrir en distracciones, él no dejaría que su atención se desviara para atender asuntos triviales. El comentario de David Guzik al respecto es pertinente, él dice: «Cualquiera que esté haciendo una obra para Dios debe enfrentarse con cientos de causas nobles y cientos de cosas que se ven bien –y que son buenas– pero que no son... [aquello a lo que has sido] llamado a hacer en ese momento. El discernimiento nos da enfoque».[72]

Cuando usted esté haciendo algo para Dios, nunca considere que lo que hace es algo pequeño, pues Dios no lo ve así. Nehemías tenía un gran concepto de aquello que estaba haciendo para Dios y declaró que lo que había emprendido era una gran obra, y que debía de poner toda su atención y diligencia a ello, porque lo hacía para Dios. En tal

---

[71] Jakes, *No tires el micrófono*, 9.
[72] https://www.blueletterbible.org/Comm/guzik_david/spanish/StudyGuide_Neh/Neh_06.cfm (accesado 9/15/22).

caso, nosotros debemos preguntarnos: ¿Consideramos grande la obra que estamos haciendo para Dios?

Podemos ser humanamente débiles, pero Dios nos ha escogido para hacer cosas grandes para Él. Por tanto, nunca debemos subestimar lo que hacemos ni pensar que la montaña que tenemos que escalar es demasiado grande. Tanto lo uno como lo otro no son posiciones correctas. Antes bien, debemos de estimar que lo que hacemos para Dios es «una gran obra», pero al mismo tiempo, que Él, quien es el Todopoderoso, nos ayudará para realizarla con éxito. Él es quien nos dará las fuerzas y los recursos necesarios para terminarla satisfactoriamente.

Solamente esfuérzate y sé valiente

«*¿Un hombre como yo ha de huir?*» (6:11).

El día en que llegó la fecha para la transición y la entrega del liderazgo de Moisés a su siervo Josué Dios le hablo a este último en tres ocasiones y le dijo: «*Esfuérzate y sé valiente*» (Jos 1:6-7, 18). Dios se comprometió a estar con Josué, pero Josué tenía que hacer su parte, tenía que ser un hombre esforzado y valeroso.

Algo muy similar observo en Nehemías; Dios estaba con él, pero Nehemías debía esforzarse y tener valor. Desde el día en que él dispuso su corazón para este proyecto, la preparación del viaje, el recorrido por el desierto, el arduo trabajo, el cansancio, el asecho del enemigo y toda la organización de los ayudantes, todo esto requirió de valentía y esfuerzo. Y es por esta valentía y esfuerzo que este líder generacional es digno de imitarse.

Los enemigos intentaron por todos los medios que Nehemías abandonara todo y huyera cobardemente, pero su valor y confianza en Dios le dieron la victoria. Dice el texto sagrado que el «*muro fue construido en cincuenta y dos días*» (Nehemías 6:15). Todo esto provoco asombro y temor a las naciones circundantes, las cuales se sintieron humilladas. No obstante, en todo esto, Nehemías reconoció que fue Dios quien había hecho la obra.

Es realmente asombroso que lo que había esperado más de un siglo para ser reconstruido, Dios, llamando de lejanas tierras a un hombre para liderar, milagrosamente hizo posible que la obra se realizara en menos de dos meses.

Conclusiones:

1. El líder generacional debe asegurarse de que todo proyecto que emprende está respaldado por Dios. Este debe ser capaz de decir como Nehemías: «La mano de Dios ha sido buena sobre mí».
2. Cuando estamos seguros de que un proyecto es de Dios y transmitimos al pueblo esta misma idea, el pueblo responderá también en fe.
3. Cuando la oposición a la realización de los planes de Dios haga acto de presencia, el líder deberá responder con palabras de fe. Las palabras de fe avergonzarán al enemigo y lo harán huir.
4. El líder debe centrarse en el bien común. No es por el bien del líder que el pueblo lucha, sino por el bien de todos.
5. El líder generacional debe de sembrar confianza y seguridad a sus liderados.
6. Las palabras de un líder en los momentos de crisis son muy importantes. Estas palabras deben ser palabras dirigidas por el Espíritu Santo.
7. Nehemías dijo: «Yo hago una gran obra». Así, todo aquel ministerio que usted esté desarrollando, por más pequeño que al mundo le parezca, para Dios es algo grande, y así debe de verlo usted también.
8. Dios nos llama a esforzarnos y ser valientes. Este es un principio general en el caso de todo hombre o mujer de Dios. Dios nos abre puertas, pero espera de nosotros valentía y todo nuestro empeño.
9. Aquello que pudo haber tardado mucho en levantarse, Dios lo puede levantar en muy poco tiempo. Y Él desea usarlo a usted en este propósito para la gloria de su Nombre.

BIBLIOGRAFÍA

Banks, Robert y Ledbetter, Bernice. *Las dimensiones del líder* (Miami: Peniel, 2008).

Biehl, Bobb. *El Mentor* (Miami: Editorial Unilit, 2008).

Bobby, Clinton y Raah, Laura. *Barnabas. Encouraging Exhorter: A Study in Mentoring* (Atlanta: Barnabas Publisher, 1997).

Clarke, Adam. "Números 14:24, comentario". Biblia Plus, s.f. https://www.bibliaplus.org/es/commentaries/7/comentario-biblico-de-adam-clarke/numeros/14/24.

Diccionario de la lengua española, 23.ª ed., [versión 23.5 en línea]. https://dle.rae.es

Discovery Channel, "Perdidos en el frío, hombres del ártico", 2016. https://www.discoveryenespanol.com/

Editorial Clie, *Diccionario Bíblico Ilustrado* (Terrasa: Editorial Clie, 1985).

Foster, Richard J. *Alabanza a la Disciplina* (Miami: Editorial Betania, 1986).

Gibbs, Eddie. *Liderar en una cultura de cambios. Las claves del liderazgo del futuro* (Miami: Editorial Peniel, 2007).

Guzik, David. "Números 14: El pueblo rechazó Canaan". Blue Letter Bible, 2016. https://www.blueletterbible.org/Comm/guzik_david/spanish/StudyGuide_Num/Num_14.cfm

Guzik, David. *The Enduring Word Comentario bíblico en español de David Guzik* https://es.enduringword.com/comentario-biblico/hechos-18/

Heifetz, Ronald A y Linsky, Marty. *Liderazgo sin Límites* (México: Paidos Empresa, 2003).

Hoppin, Ruth. *La Carta de Priscila* (Fort Bragg, NC: Lost Cost Press, 2009).

Ingle, Kent. *9 Disciplinas de un liderazgo perdurable: Desarrolle el potencial de su designio divino* (Springfield, MO: Salubris Resourses, 2015).

Iriarte, María Eugenia. *Mujer y Ministerio: Antiguo Testamento* (Repositorio Institucional Universidad Centroamericana, 1992), archivo PDF. http://repositorio.uca.edu.ni/3874/1/Mujer%20y%20ministerio%20Antiguo%20testamento.pdf

Jakes, T.D. *No tires el micrófono* (Nashville: Faith Word, 2021).

Jamieson, Roberto, Fausset, A.R y Brown, David. *Comentario Exegético y Explicativo de la Biblia. Tomo I: El Antiguo Testamento* (El Paso: Casa Bautista de publicaciones, 1992).

Latino, Duranno. *Devocional Tiempo con Dios* (Bogotá: Duranno Latino, 2021).

Lockward, Alfonso. *Nuevo diccionario de la Biblia* (Miami: Editorial Unilit, 1999).

López, Darío. *Comentario Bíblico Contemporáneo* ed. C. René Padilla (Buenos Aires: Ediciones Kairos, 2019).

MacDonald, William. *Comentario Bíblico William MacDonald. Anti-*

guo y Nuevo Testamento (Barcelona: Editorial Clie, 2004).

Matthew Henry, *Comentario bíblico de Matthew Henry.* Biblia Todo. s.f. https://www.bibliatodo.com/comentario-biblico/?v=RV1960&co=matthew-henry&l=hechos&cap=13

Maxwell, John. *Aprendamos de los Gigantes* (New York: Faith Words, 2014).

_____. *2000. Las 21 Cualidades Indispensable de un Líder* (Nashville: Editorial Caribe).

_____. *2018. Desarrolle el líder que está en usted* (Nashville: Grupo Nelson).

McQuade, Pamela L. *Las 100 principales mujeres de la Biblia* (Uhrichsville: Casa Promesa, 2007).

Merriam-Webster dictionary [online version]. https://www.merriam-webster.com/dictionary/influencer.

Miller, Stephen M. *La Guía Completa de la Biblia* (Uhrichsville: Casa Promesa, 2007).

Mundo Hispano, *Comentario bíblico mundo hispano Hechos* (El Paso: Editorial Mundo Hispano, 1993).

Mundo Hispano. *Comentario bíblico mundo hispano 1 Samuel, 2 Samuel, y 1 Crónicas* (El Paso: Editorial Mundo Hispano, 1993).

National Geographic, "African Lion", 1996-2015. https://www.nationalgeographic.com/animals/mammals/facts/african-lion

Nelson, W. M., & Mayo, J. R. *Nuevo Diccionario Ilustrado de la Biblia* (electronic ed.). Nashville: Editorial Caribe, 1998.

Nuestro Pan Diario 2022. Edición Anual, Vol. 26 (Grand Rapids, MI: Our Daily Bread Ministries, 2022).

ONU Mujeres Mexico,"Principios para el empoderamiento de las mujeres. La igualdad es un negocio". https://mexico.unwomen.org/es/digiteca/publicaciones/2011/7/principios-para-empoderamiento

Padilla, C. René (Editor general), *Comentario Bíblico Contemporáneo. Estudio de toda la Biblia desde América Latina* (Buenos Aires: Ediciones Kairos y Certeza unida, 2019) (Autor Milton Acosta Benítez).

Padilla, C. René y Yamamori, Tetsunao. Ed., *La iglesia local como agente de transformación. Una eclesiología para la misión integral* (Buenos Aires: Editorial Kairós, 2003).

Permanente, Kaiser. "Etapas del desarrollo para niños de 8 años". https://espanol.kaiserpermanente.org/es/health-wellness/health-encyclopedia/he.etapas-del-desarrollo-para-ni%C3%B1os-de-8-a%C3%B1os.ue5720

Salem, Luis de. *Mujeres en la Biblia* (México: Publicaciones El Faro, 1984).

Sociedades Bíblicas Unidas, *La Biblia para la predicación* (Brasil: Reina-Valera 1960, 2012).

Swindoll, Charles R. *Desafío a servir* (Miami: Editorial Betania, 1993).

Tyndale House Publishers. *Tyndale, Holy Bible: Life Application Study Bible NTL* (Carol Stream, IL: Tyndale House Publishers, 2016).

Vila Ventura, Samuel. *Nuevo diccionario bíblico ilustrado* (Terrasa, Barcelona: Editorial CLIE, 1985).

Wagner, C. Peter. *Confrontemos las potestades* (Nashville: Editorial Caribe, 1997), 126-127.

Warren, Rick. *Liderazgo con propósito* (Lake Forest, CA: Purpose Driven Publishing, 2005).

Wight, Fred H. *Usos y costumbres de las tierras bíblicas* (Grand Rapids: Portavoz, 1981).

www.ingramcontent.com/pod-product-compliance
Lightning Source LLC
Chambersburg PA
CBHW072016110526
44592CB00012B/1335